Südtirols schönste Waalwege

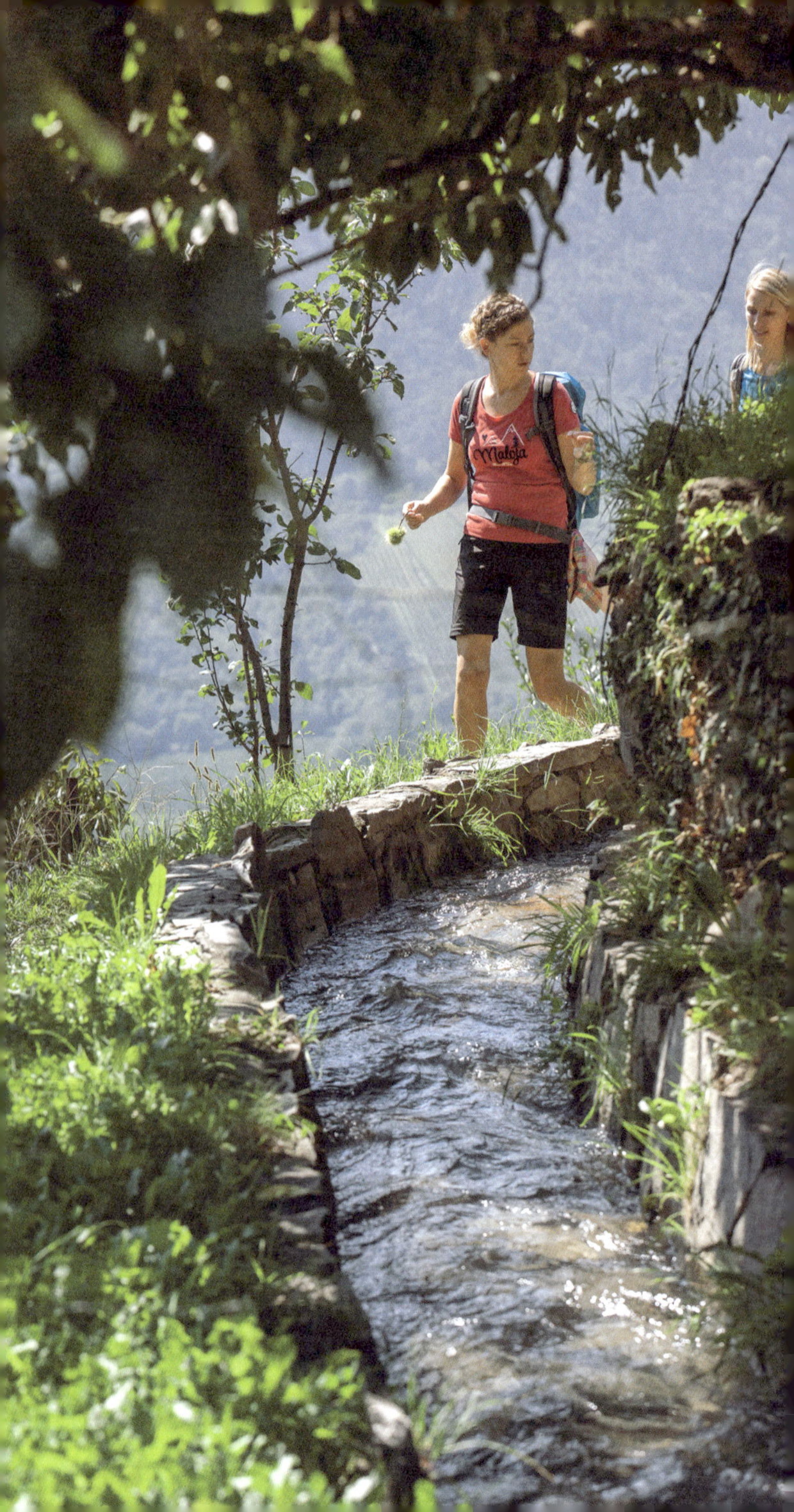
Maloja

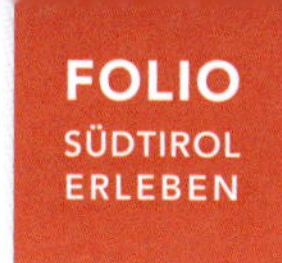

Oswald Stimpfl

Südtirols schönste Waalwege

Wanderungen am Wasser für die ganze Familie

Folio Verlag Wien – Bozen

HINWEIS

Alle Angaben erfolgen nach bestem Wissen und Gewissen. Sämtliche Informationen wurden gewissenhaft recherchiert, doch Ruhetage oder Öffnungszeiten können sich kurzfristig ändern. Daher empfehlen wir Ihnen, sich vorher zusätzlich telefonisch zu informieren. Die beschriebenen Ausflüge werden auf eigenes Risiko unternommen; Autor und Verlag übernehmen keinerlei Haftung.
Für die Wanderungen wird die Mitnahme von geeignetem Kartenmaterial empfohlen oder Sie planen Ihre Wanderung mithilfe von www.alpenvereinaktiv.com.

SYMBOLE

Wanderung
Einkehrtipps
Wissens- und Sehenswertes
Charakteristik
Start
Schwierigkeit
Gehzeit insgesamt
Höhenleistung
Länge der Wanderung
Anfahrt
Öffentliche Verkehrsmittel
(Infos zu Fahrplänen unter www.suedtirol.mobil.info)

BILDNACHWEIS

Umschlagbild: Am Stabener Waalweg. Foto Vinschgau Marketing / Frieder Blickle
Folio Verlag: S. 11
Vinschgau Marketing / Frieder Blickle: S. 2, 8
Alle übrigen Fotos stammen von Oswald Stimpfl.

5., aktualisierte Auflage 2023

Lektorat: Petra Tappeiner
Grafikkonzept: no.parking, Vicenza
Satz und Druckvorstufe: Typoplus, Frangart
Kartografie: Casa Editrice Tabacco Srl, Tavagnacco
Printed in Italy
ISBN 978-3-85256-844-7

www.folioverlag.com

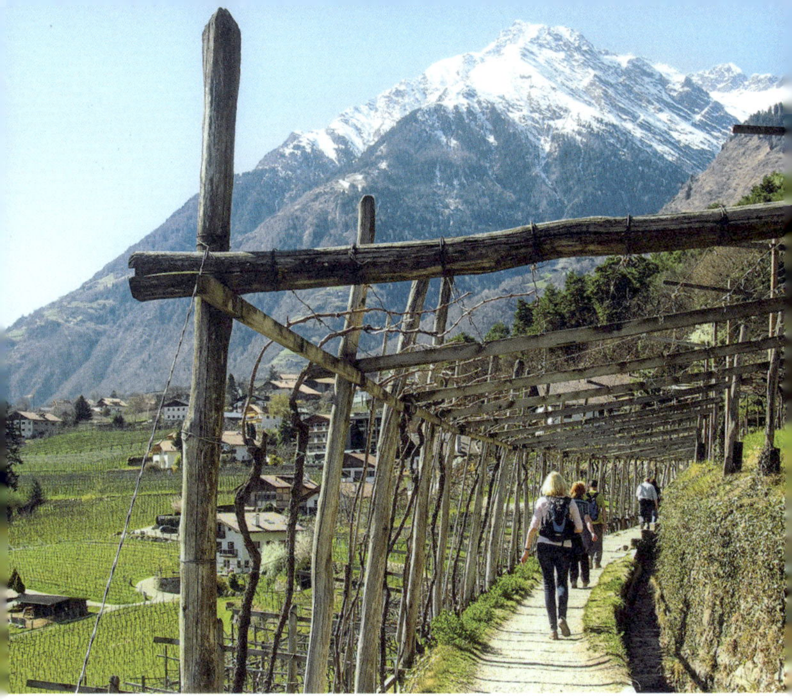

Inhaltsverzeichnis

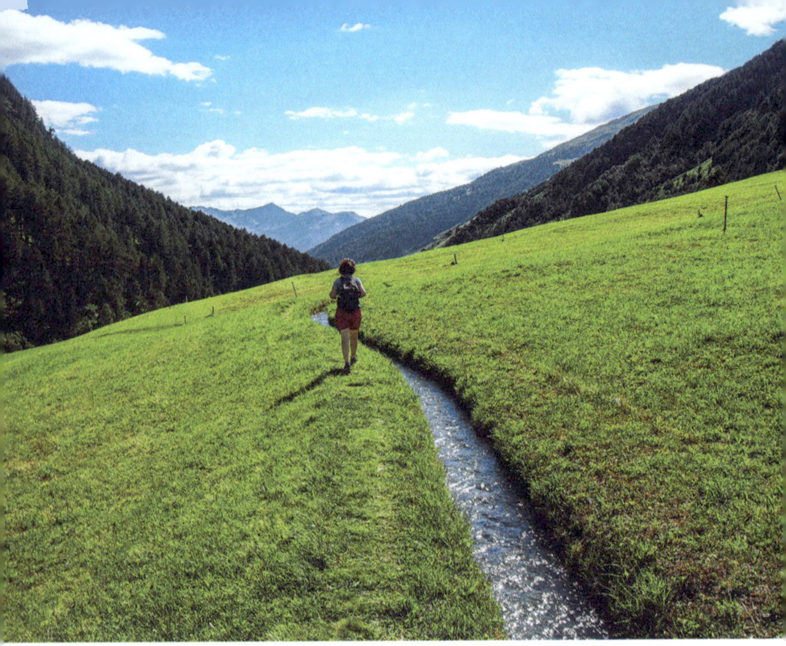

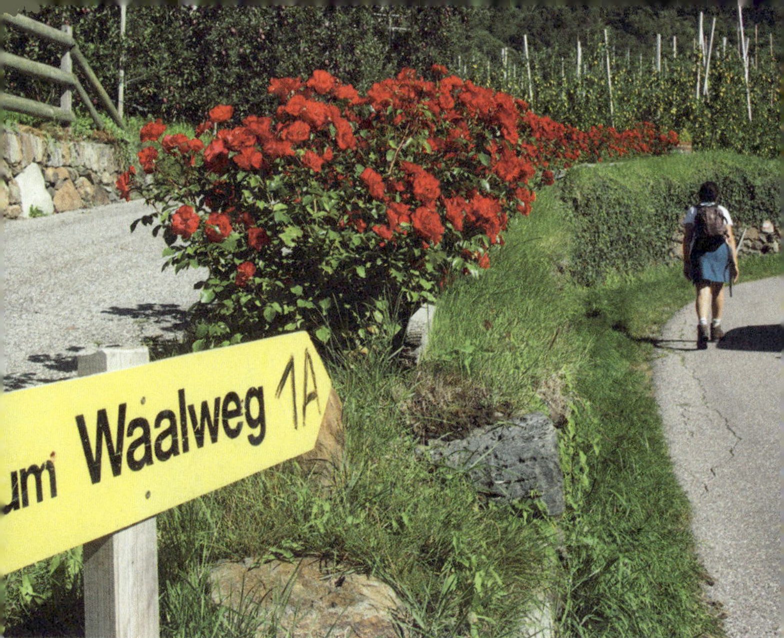

Vorwort

Waale und die sie begleitenden Wege sind längst keine Geheimtipps mehr, sie gehören zu den viel beworbenen Besonderheiten der Südtiroler Kulturlandschaft, vor allem des Vinschgaus und des Meraner Raums. Sorgfältig restauriert und den Bedürfnissen der „Wanderkundschaft" angepasst, sind sie eines der Aushängeschilder im Wanderangebot der Tourismusbüros: Auf ihnen können die Hänge meist ohne großes Auf und Ab bequem und sicher durchwandert werden, an ausgesetzten und steilen Stellen sind sie mit Geländern, Treppen, Stegen und Brücken versehen, sie sind gut markiert, und oft liegen Gastwirtschaften jedweder Art ganz in der Nähe. Die Waalwege haben sich zu äußerst beliebten Wanderwegen entwickelt, auf denen es zu touristischen Stoßzeiten recht lebhaft zugehen kann. In diesem Führer beschreibe ich die schönsten Waalwege in Südtirol, fast immer habe ich einen Rundweg gestaltet und Tipps zum Einkehren angeführt. Die meisten sind recht einfach, einige sind jedoch durchaus anspruchsvoll, hier setzt das steile Gelände Trittsicherheit und manchmal auch Schwindelfreiheit voraus. Auch Interessantes und Kurioses am Weg wird erwähnt, sodass aus einem leichten, angenehmen Spaziergang an einem Waal ein erlebnisreicher Wandertag werden kann. Also folgen Sie mir auf die Hänge im Vinschgau, rund um Meran und im Passeiertal – es lohnt sich!
Oswald Stimpfl

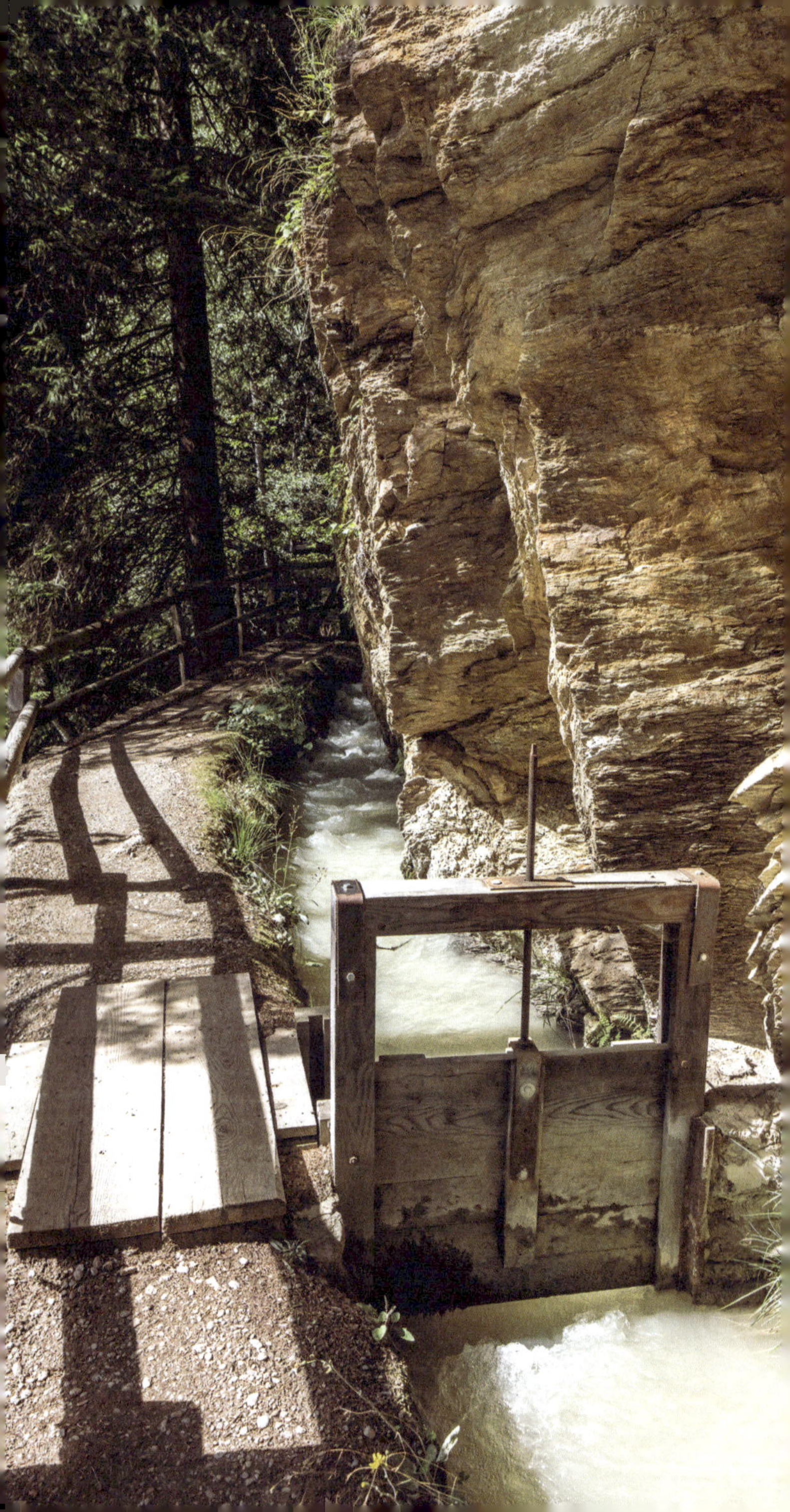

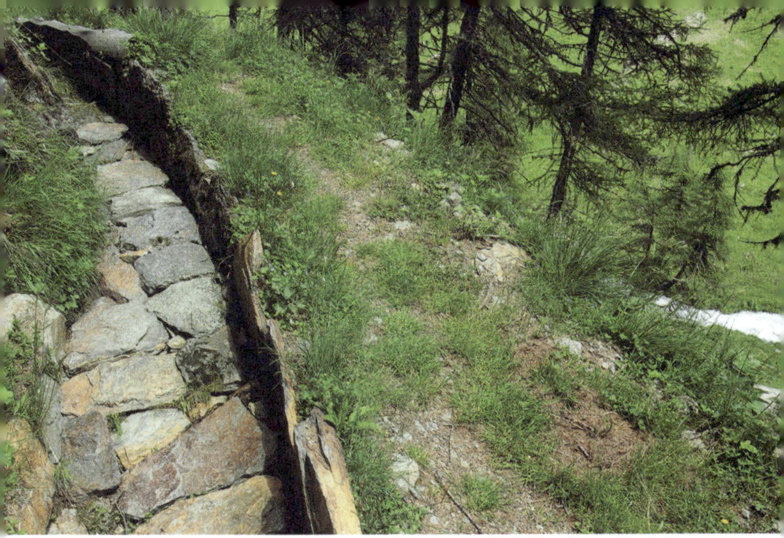

Die Waale – ein ausgeklügeltes Bewässerungssystem

Wenn wir über die Waalwege spazieren, sollten wir uns die Bedeutung der Waale bewusst machen. Diese zum Teil uralten Bewässerungskanäle sind Zeugen einer jahrhundertealten Kultur, die leider durch moderne Beregnungsmethoden weitgehend verdrängt wurde. Das lebenswichtige Wasser, das in unseren Breiten heutzutage in scheinbar unerschöpflicher Menge vorhanden ist, hatte in der Vergangenheit einen wesentlich höheren Stellenwert und war unerlässlich für das Leben und Gedeihen von Mensch, Tier und Pflanze. Nur so sind die Anstrengungen zu verstehen, mit denen in Südtirol und hier vor allem im Vinschgau und im Meraner Raum ein flächendeckendes Netz an Bewässerungskanälen angelegt wurde.
Im Vinschgau beträgt die durchschnittliche Niederschlagsmenge zwischen 500 und 700 Millimeter pro Jahr, zu wenig, um ohne künstliche Bewässerung eine ertragreiche Landwirtschaft betreiben zu können. Aus diesem Grund waren die Bauern gezwungen, ein wohldurchdachtes System von Kanälen anzulegen, das das Wasser zur Bewässerung – das sogenannte „Wasserwosser" – aus den Gebirgsbächen ableitete und über teils lange Strecken zu den trockenen Fluren und Feldern führte. Die Bäche werden im Vinschgau meist vom Schmelzwasser der Gletscher gespeist und führen deshalb auch in regenarmen, trockenen Sommern genügend Wasser. Im Laufe der Zeit entstand ein ganzes Netz an Kanälen, welche die Landschaft wie Adern durchzogen und die Versorgung mit dem lebenswichtigen Nass gewährleisteten. Diese Kanäle werden im Vinschgau und im

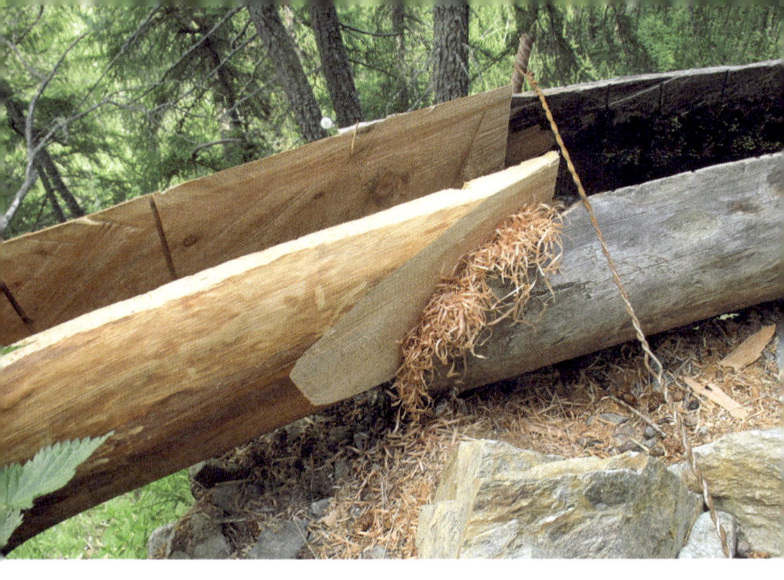

Burggrafenamt als „Waale" bezeichnet. Erste Hinweise auf die Waale finden sich in den Urbaren des Vinschgaus um 1290 unter dem Namen „aquale", dem romanischen Begriff für Kanal (Wasserleitung). Das Wort „Waal" könnte aber auch keltischen Ursprungs sein („bual" = Wasser), wie manche Namensforscher vermuten.

Zur Bauweise der Waale

Die Bauweise der Waale passt sich der jeweiligen Landschaft an, dabei erbrachten die Erbauer mit einfachsten Mitteln wahre Meisterleistungen: Nicht selten queren die Waale schwer zugängliche Felslandschaften und Schluchten, überwinden Felsblöcke, steiniges Gelände und Felswände, kleine Bäche, Murkegel, Geröllfelder, sogar steinschlaggefährdete Steilhänge und Lawinenstriche. In flachen Landstrichen wurde gewöhnlich nur ein einfacher Kanal gegraben, war das Gelände steiler, kleidete man den Kanal mit Steinplatten aus, in neuerer Zeit wurde er in vielen Fällen auch ausbetoniert. Mauern, oft jahrhundertealte schöne Trockenmauern, stützen den Damm. Kleine Hindernisse wurden untergraben oder durchbohrt, manchmal wurde das Wasser in ausgehöhlten Holzstämmen oder in aus starken Brettern gezimmerten Rinnen, den „Kandln", um felsige oder unzugängliche Stellen geleitet. Steinschlag- oder lawinengefährdete Stellen deckte man mit Steinplatten oder Lärchenbohlen und aufgeschüttetem Erdreich ab, in regelmäßigen Abständen angebrachte Fenster erlaubten die Kontrolle und Reinigung dieser Stollen. Sedimente lagern sich in Auffangbecken ab, Siebanlagen und Fangrechen halten Laub und Äste zurück, zur Verteilung und Ableitung

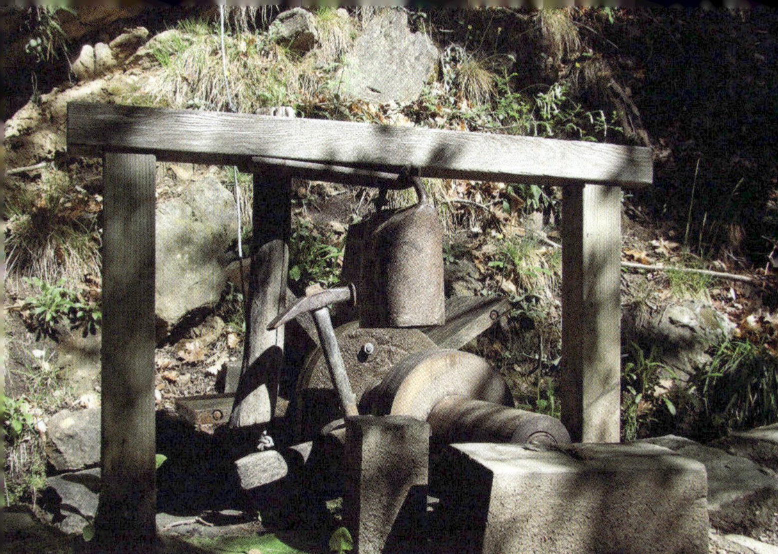

des Wassers wurden stationäre Schleusen angebracht. Der Hauptwaal heißt auch Tragwaal, er verteilt das Wasser in kleine Nebenkanäle. In manchen Fällen (Latschanderwaal, Marlinger Waal, Maiser Waal) ist er bis zu 10 km lang. Talseitig begleitet ein Steig den Waal.

Die Wartung der Waale

Der Waaler, der Wasserwächter, beaufsichtigte und wartete den Waal vom Frühjahr bis zum Herbst. Täglich ging er die Waalstrecke ab, reinigte die Rechen vom Treibgut, öffnete die Schleusen bei Gewitter und ließ das Wasser ablaufen (er „kehrte es ab"), um Vermurungen, Sand- und Geröllablagerungen zu verhindern. Manchmal musste er auch schwindelfrei sein, so etwa am Naturnser Schnalswaal. Hier bestanden 1,5 Kilometer der Strecke aus in den Felsen gehängten und verkeilten Kandln, die mit schmalen Brettern, den Ganglatten, versehen waren. Auf diesen musste der furchtlose Waaler balancieren! Heute befindet sich an der Stelle ein anspruchsvoller Klettersteig, der „Hoachwool", bei dem man noch an einigen Ganglatten vorbeikommt.
Der Waaler hatte eine unermüdliche, geräuschvolle Helferin, die Waalschelle, ein Wasserrad am Waal, das einen Hammer betätigt, der wiederum auf eine eiserne Schelle schlägt. Lief das Wasser, tönte die Glocke, tönte sie nicht, war das ein Alarmsignal für den Waaler: In diesem Fall verlor der Waal irgendwo Wasser, entweder durch einen Dammbruch oder eine Verstopfung, oder es wurde unbefugt Wasser abgeleitet. Hierzu gab es einen Spruch: „Die Waalschell' hell erklingt, solang das Wasser rinnt, und bleibt es einmal

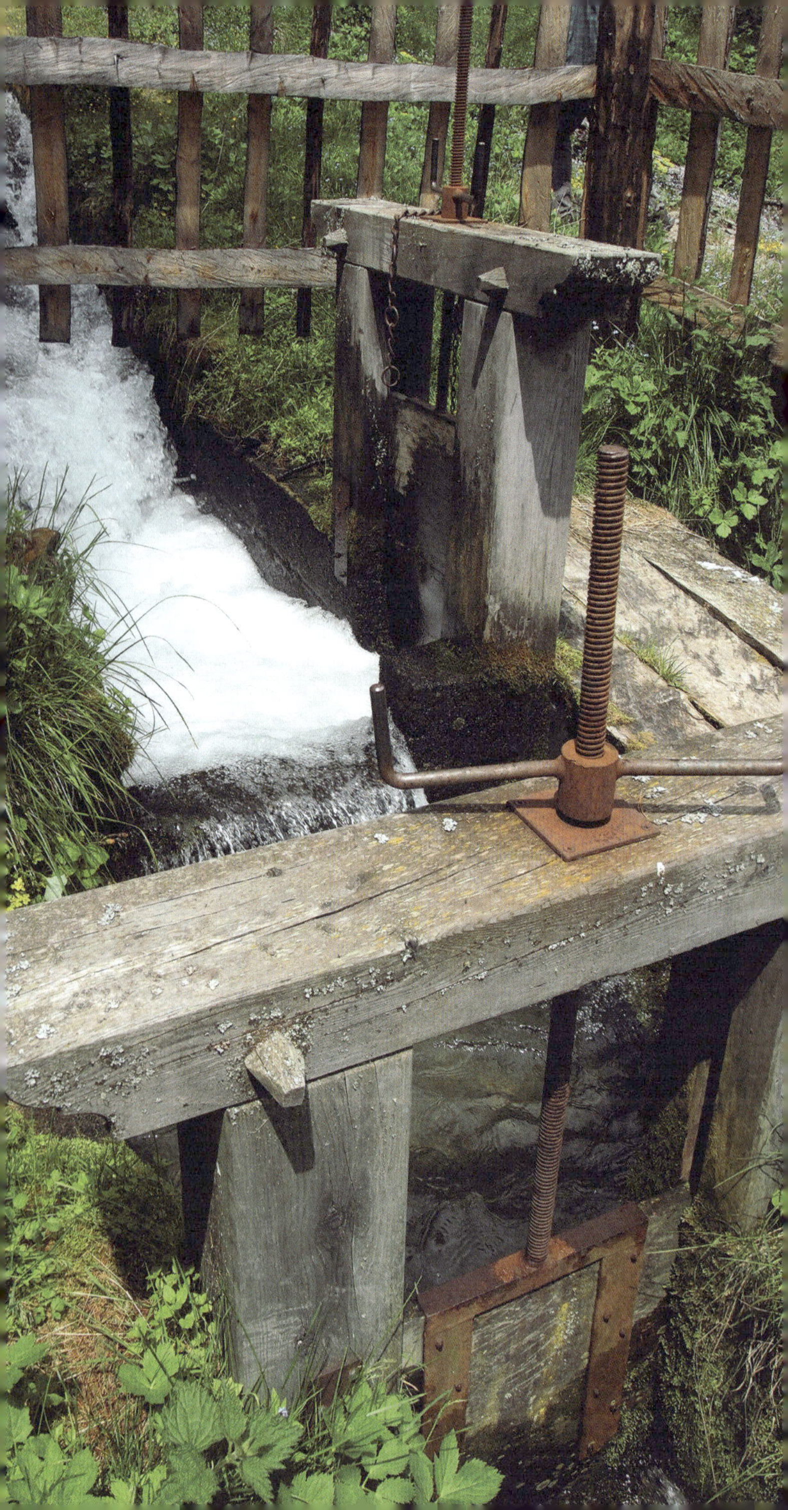

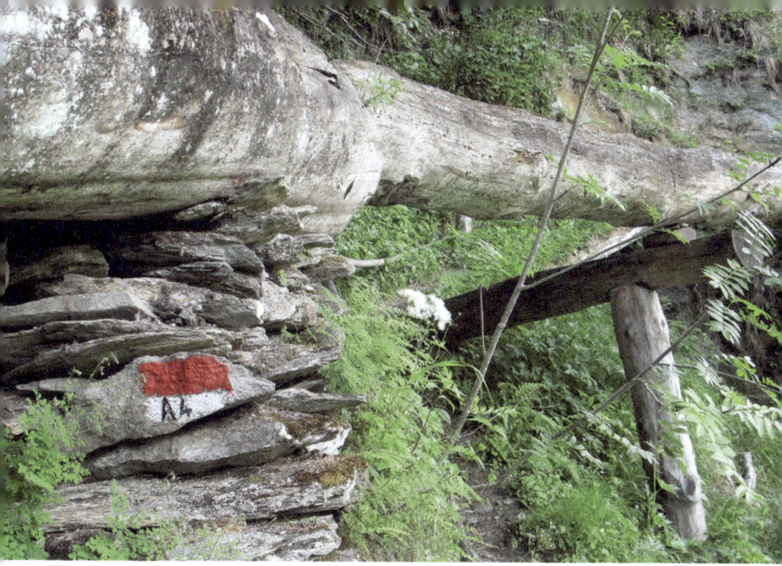

aus, muss der Waaler aus dem Haus!" Die Waalschelle befand sich in der Regel vor der Dienstwohnung des Waalers, denn bei langen und großen Waalen wurde dem Waaler eine Unterkunft am Kanal errichtet, die sogenannte „Waalerhütt".

Die Road

Die Waale wurden meist von einer Interessentschaft von Bauern erbaut und verwaltet, die Wasserentnahme folgte einer ganz bestimmten, im Lauf der Jahrhunderte entstandenen Ordnung. Die Bezugsberechtigten konnten in einer festgelegten Reihenfolge, der „Road", das Wasser entnehmen. Dabei bestimmte ein komplexes Regelwerk, die Waalordnung, die Entnahme: Durch die Festlegung der Stundenanzahl, der Tages- oder Nachtzeit und der Menge sollte eine möglichst gerechte Verteilung des Wassers gewährleistet werden. Für die Einhaltung der Regeln war und ist auch heute noch der Waalmeister zuständig. Die Nutzungsrechte sind im Grundbuch eingetragen.

Die Waale heute

Bis vor wenigen Jahrzehnten waren im Vinschgau noch über 200 Waale mit einer Gesamtlänge von etwa 600 Kilometern in Funktion, mittlerweile sind es nur mehr knapp zwanzig, einige führen ein wenig „Schmuckwasser" – zur Freude der Wanderer. Der Beruf des Waalers ist ausgestorben, die vielen Fachbegriffe rund um die Waalordnung und die Wasserrechte werden nicht mehr benutzt und

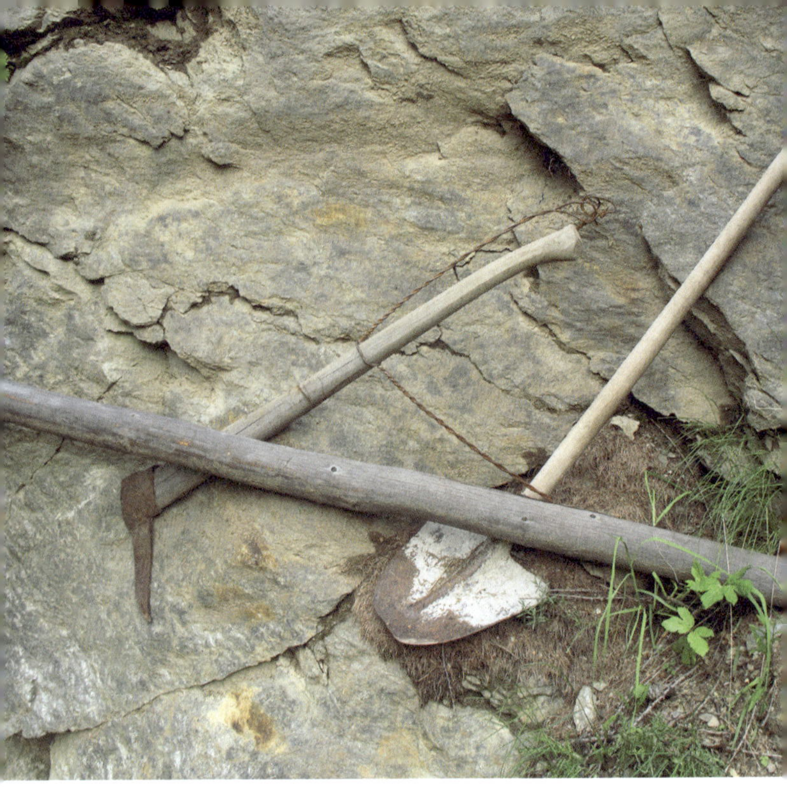

geraten zusehends in Vergessenheit. Das Vintschger Museum in Schluderns beschäftigt sich im Rahmen einer Ausstellung zum Thema „s'Wosser zum Wassern" mit diesem Aspekt der bäuerlichen Arbeitswelt und sorgt dafür, dass die Geschichte der Waale nicht ganz in Vergessenheit gerät.
Die Waale zu bauen, betriebsbereit zu halten und zu warten war – und ist bis heute – sehr arbeitsintensiv, das ganze System ist störanfällig, Starkregen nach Gewittern, Vermurungen, Lawinen, entwurzelte Bäume durch Wind und Schneedruck schufen und schaffen immer wieder Probleme. So ist es nicht verwunderlich, dass seit der Mitte des vorigen Jahrhunderts andere, modernere Bewässerungssysteme eingeführt wurden und die Anzahl der genutzten Waale rapide sank. Die meisten wurden durch Rohrleitungen ersetzt. Durch die Druckleitungen kann das Wasser nun auch nach oben gepumpt werden, ein weiterer Vorteil ist die bessere Nutzung, durch Beregnung werden etwa 60% Wasser gespart. Vielfach wurden die Rohre in die bereits vorhandenen Kanäle gelegt, auf der Trasse blieb so zumindest der ebene Wanderweg erhalten. Dem Tourismus ist es zu verdanken, dass die wenigen noch bestehenden Waale renoviert wurden und so ihre ursprüngliche Funktion auch heute noch erfüllen.

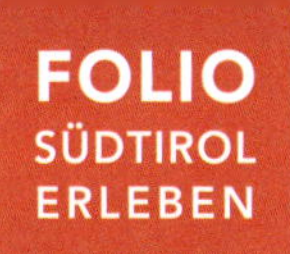

Mit Folio Südtirols schönste Seiten erleben!

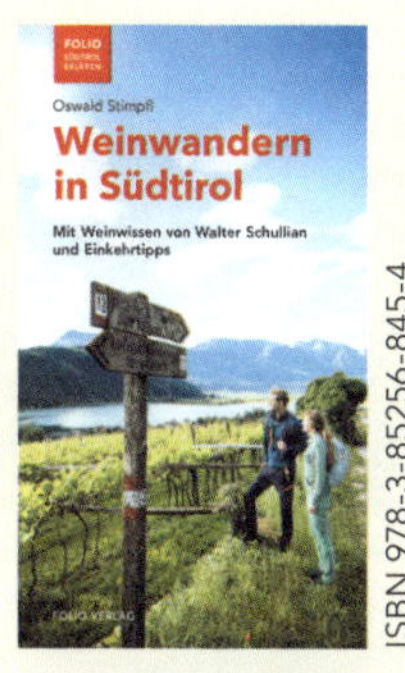

ISBN 978-3-85256-845-4

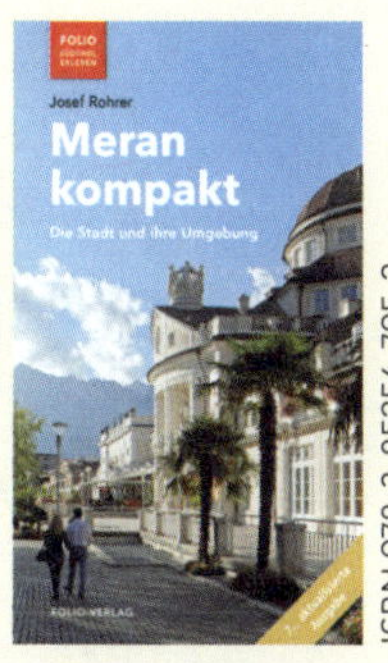

ISBN 978-3-85256-795-2

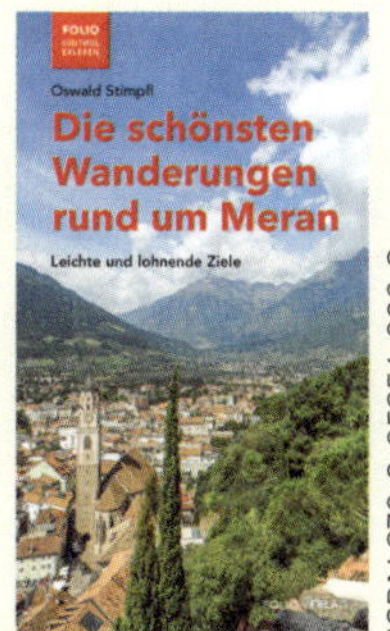

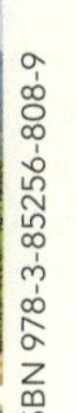
ISBN 978-3-85256-808-9

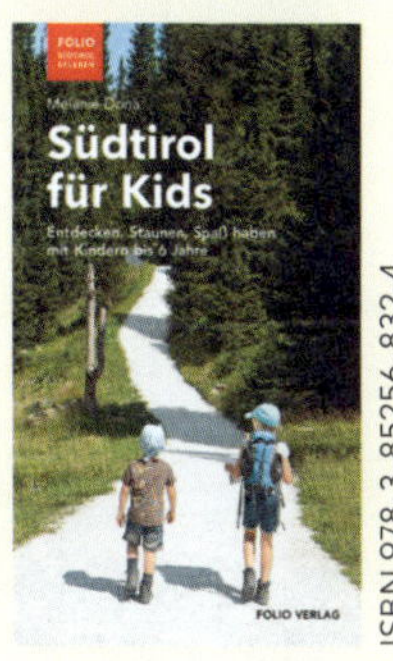

ISBN 978-3-85256-832-4

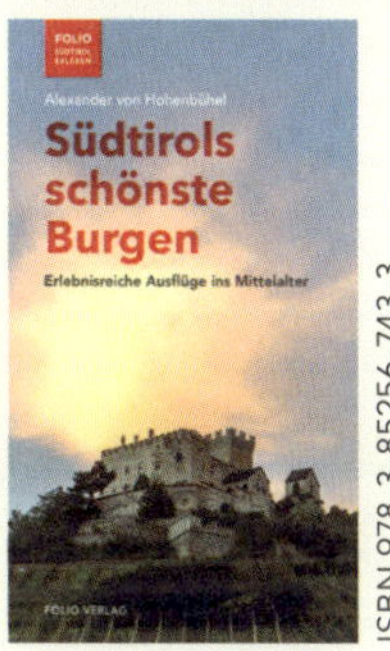

ISBN 978-3-85256-743-3

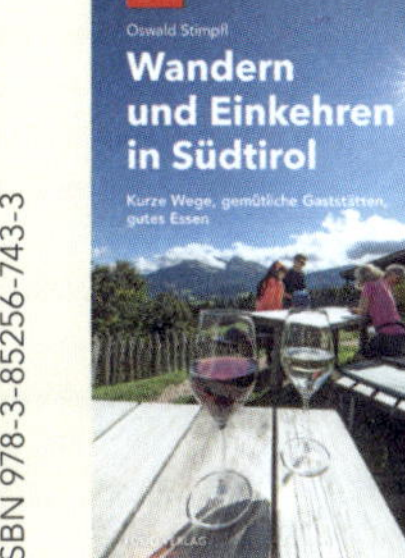

ISBN 978-3-85256-859-1

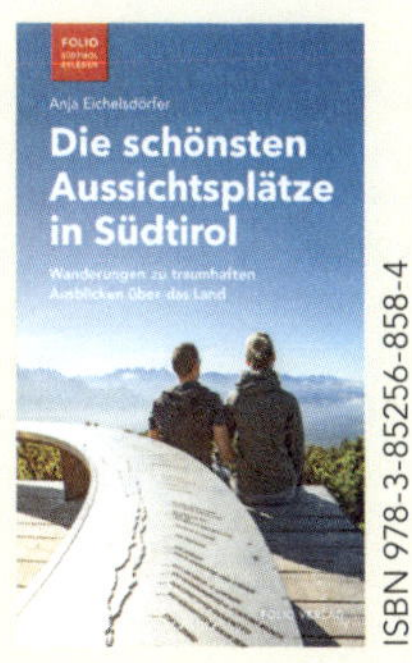

ISBN 978-3-85256-858-4

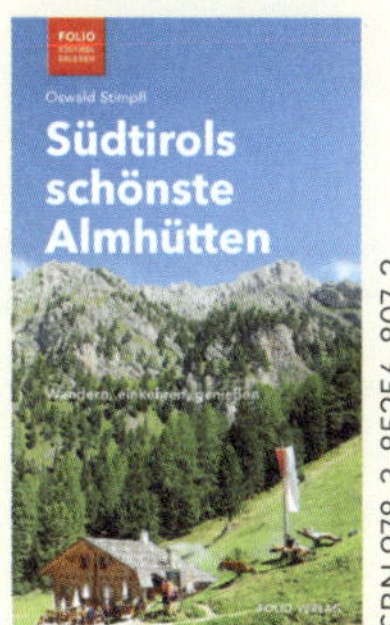

ISBN 978-3-85256-807-2

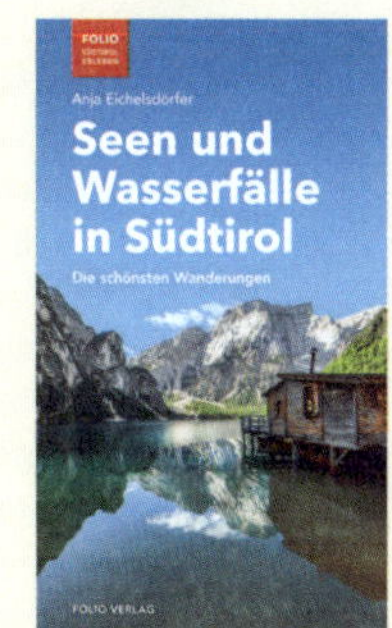

ISBN 978-3-85256-783-9

www.folioverlag.com

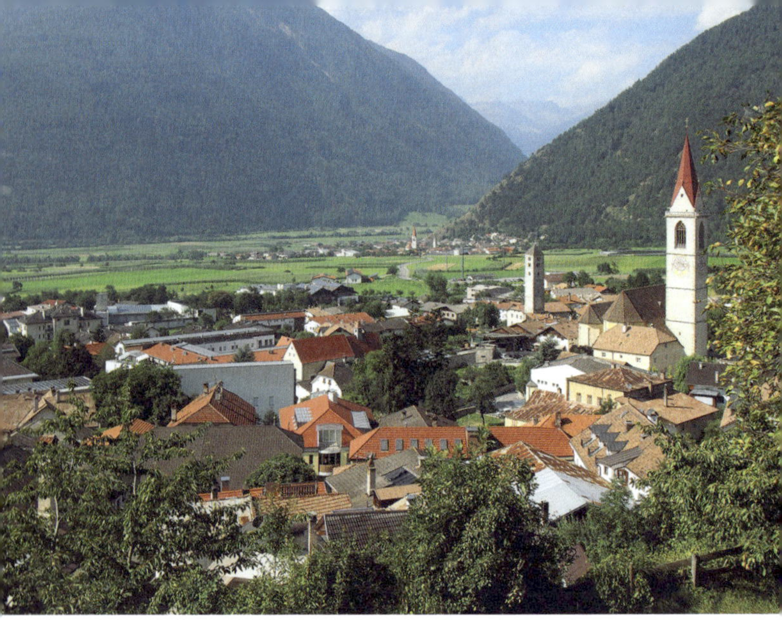

1 Der Sonnensteig bei Mals

Am Sonnenberg im oberen Vinschgau wurde entlang des Bergfußes ein wunderbarer Wanderweg ausgewiesen, er ist als Sonnensteig benannt und entsprechend ausgeschildert. Entlang des Themenweges erfahren wir Wissenswertes über die Bewässerung der Felder durch Waale, die Natur am Sonnenberg als Eldorado für seltene Vögel und Pflanzen und Kurioses aus der Sagenwelt. Ein Stück dieses Weges, der an einem aufgelassenen Waal entlang verläuft, ist Teil der folgenden Rundwanderung.

Wir starten in Mals am Parkplatz bei der St.-Benedikt-Kirche und gehen ins Dorfzentrum. Gegenüber dem blumengeschmückten und mit Fresken verzierten Ansitz Liechtenegg ist der Einstieg über die Parkgasse, er ist identisch mit jenem zum Malser Oberwaal (» siehe S. 19) und schlängelt sich durch den Flora-Park in die Höhe. Nach zwei Serpentinen, unterhalb des Flora-Denkmales, stoßen wir auf die ebene Trasse des Mitterwaales, der leider in Rohre verlegt wurde. Wir verlassen den Sonnensteig, unser Wanderweg, der hier mit den Ruhebänken und Ziersträuchern einer Promenade ähnelt, führt ohne Markierung in nördlicher Richtung oberhalb der Wohnhäuser mit schöner Aussicht aus dem Dorf hinaus. Bald darauf treffen wir auf die Landesstraße nach Planeil, wir folgen der glücklicherweise kaum befahrenen Straße dem Puni-Bach entlang etwa 10 Minuten

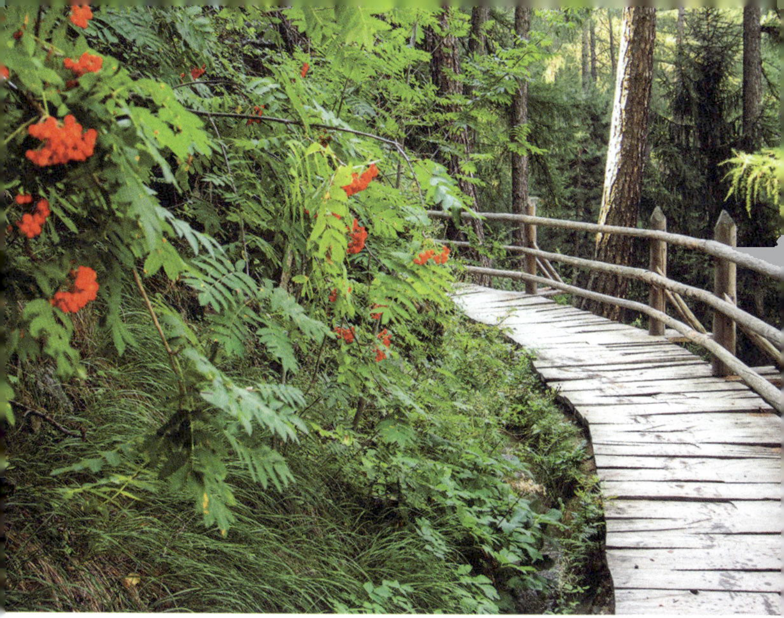

bergauf bis zur Wasserfassung für den Oberwaal; bis hierher ab Parkplatz Mals 45 Minuten Gehzeit. Wir biegen jetzt im spitzen Winkel rechts ab und folgen dem Waalsteig und den Wegweisern mit der Markierung 17 nach Süden. Leider führt der Waal kein Wasser, in unterirdischen Rohren wird es durch steile, felsige und mit Lärchen bestandene Hänge zu den Feldern um Mals geführt.
Der Weg ist gleichzeitig Naturlehrpfad, wir finden an Bäumen und Sträuchern entsprechende Namensschilder. Eine Holzskulptur am Weg stellt eine Margronda dar, eine Tafel erzählt von diesen Sagengestalten.
Große Teile des Weges verlaufen auf robusten, hölzernen, mit Geländern gesicherten Stegen neben der trockenen Rinne, die teilweise mühsam in den Felsen gehauen wurde. Eine Aussichtsplattform mit Tisch und Bank lädt zu Rast und Rundblick ein. Kurz danach biegt der Steig nach Südosten, die Landschaft ändert sich, wir befinden uns am sonnendurchfluteten, warmen Südhang, dem Vinschgauer Sonnenberg. Am Wegrand wachsen Schwarzkiefern und Robinien, auf der gegenüberliegenden Talseite glänzen die Eis- und Firnfelder von König Ortler herüber, der Blick geht ins Münstertal und zur Schweiz, vom Tal grüßt das Dörfchen Tartsch herauf. Beim ehemaligen Forstgarten und dem Café Margronda verlassen wir den Waalweg und biegen auf einen asphaltierten Feldweg (Nr. 14) ab. Er quert den Hang und führt bergab durch sonnige Wiesen zum Ortsrand von Mals. Bei den ersten Häusern folgen wir der ebenen Trasse des Mitterwaales, er bringt uns oberhalb der Häuser und Gärten zum Florapark und zum Ausgangspunkt in Mals zurück.

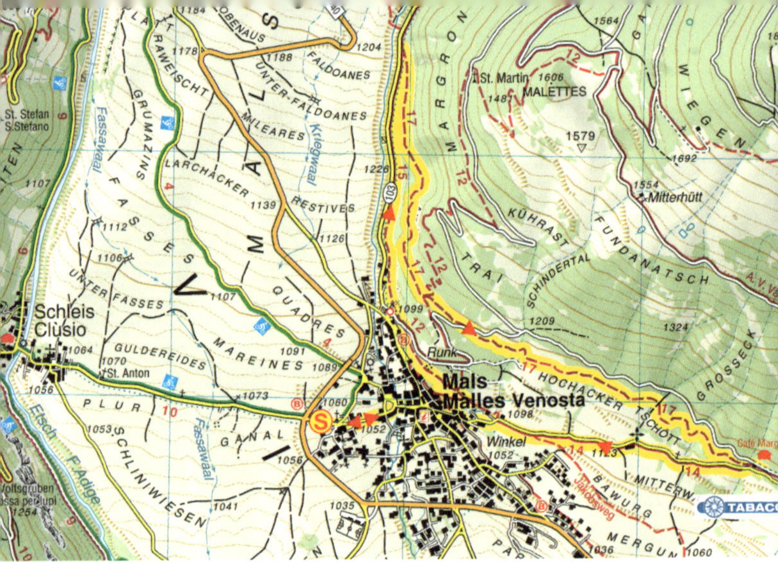

EINKEHRTIPPS

In Mals bieten sich mehrere Einkehrmöglichkeiten für jeden Geschmack und Geldbeutel an, etwa gleich am Beginn unserer Wanderung der **Gasthof Grauer Bär**, mit Tischen am Dorfplatz, wo sich auch die Einheimischen gern zu einem Plausch treffen. Hauptplatz 2, Mals, Tel. 348 3105266, www.grauer-baer.it.

Pflonzgortn Solis: Das Gartencafé wurde auf dem Gelände des ehemaligen Forstgartens eröffnet, das putzige alte Forsthäuschen steht noch als Kuriosum da. Daran angebaut ist das moderne Terrassencafé mit überwältigender Aussicht. Vorwiegend regionale Produkte, viel Bio aus dem eigenen Garten oder Erzeugnisse aus fairem Handel. Winkelweg 42, Mals. Tel. 328 8553573, www.facebook.com/PflonzgortnSOLIS, Mitte März–Mitte Nov., 10–19 Uhr geöffnet, Mo. und Di. Ruhetag.

INFOS IN KÜRZE

Familienfreundlicher Rundweg mit schöner Aussicht, im zweiten Abschnitt sonnig.

Mals, bei der St.-Benedikt-Kirche, 1.080 m.

leicht

2 h 15 min

165 Höhenmeter

7,6 km

Auf der Dorfumfahrung von Mals den Hinweisschildern zur Kirche St. Benedikt folgen. Dort kostenlose Parkplätze, über die St.-Benedikt-Straße weiter zum Dorfplatz und zum Einstieg der Wanderung.

Mit Bus oder Bahn bis Mals

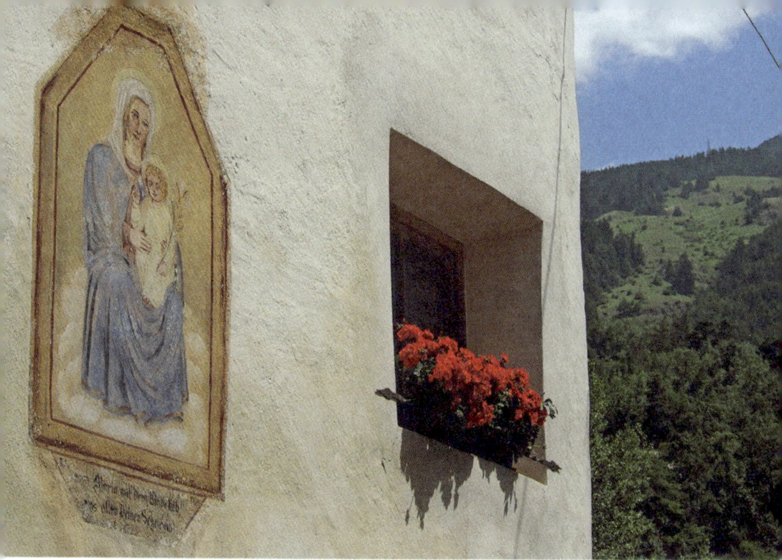

2 Der Oberwaal von Mals nach Tartsch

Der obere Vinschgau und insbesondere die trockenen Sonnenhänge hinter Mals sind von Waalen regelrecht durchfurcht. Auf einem dieser Waale, dem Oberwaal, wandern wir nach Südosten in Richtung Tartsch, auf einem etwas tiefer gelegenen, dem Unterwaal, geht es wieder nach Mals zurück. Unterwegs erfahren wir Interessantes über die Vegetation und über die Sagenwelt des Vinschgaus und bestaunen mächtige Verteidigungsanlagen aus der Vorkriegszeit.

Leider sind die wenigsten der Waale im Obervinschgau noch in Betrieb, viele mussten der modernen Technik weichen, die Bewässerung wurde vom Flutungssystem der Waale auf Oberflächenberegnung durch Sprinkler umgestellt. Der Oberwaal, dessen Begleitweg wir uns für diese Wanderung ausgesucht haben, wurde ebenfalls verrohrt, führt aber noch etwas „Schmuckwasser", wie das Wässerchen, das darin rinnt, gnädig genannt wird. Der Waal bezieht sein Wasser aus der Puni, die nördlich von Mals aus dem Planeiltal fließt.
Wir beginnen die Wanderung bei der St.-Benedikt-Kirche in Mals und gehen ins Dorfzentrum. Gegenüber dem blumengeschmückten und mit Fresken verzierten Ansitz Liechtenegg, beim Hotel Gasthof Grauer Bär, wandern wir über die Parkgasse bergauf. Eine Begrenzungsmauer trennt die letzten Häuser des Dorfes von der Parkanlage, die sich den Hang hinaufzieht und durch die der Zugangsweg zum

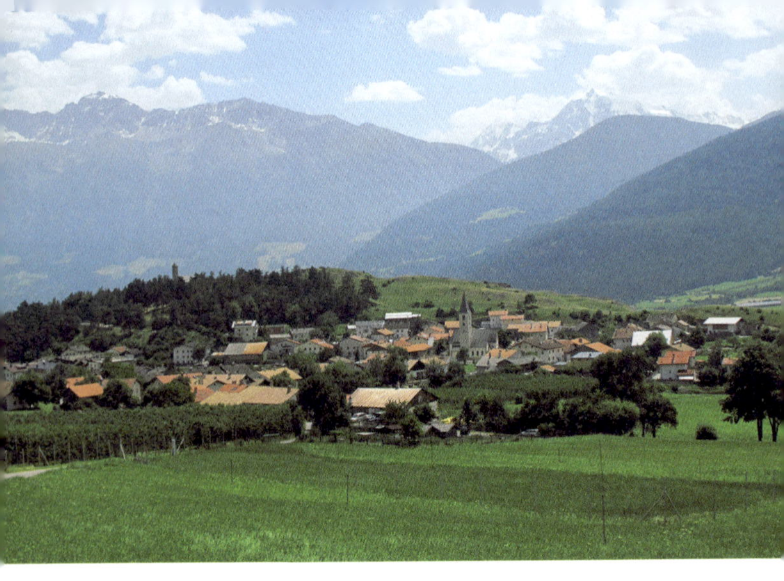

Oberwaal, der etwas höher den Berghang quert, verläuft. An einem Denkmal für den Parkgründer Heinrich Flora und einem Spielplatz vorüber schlängelt sich der Promenadenweg unter schattigen Parkbäumen, darunter Zedern und ein nordamerikanischer Mammutbaum aufwärts. Die Dächer von Mals und den spitzen Turm der Pfarrkirche lassen wir hinter uns. Wir queren einen Forstweg, kommen an der großen Grillwiese mit Holzhäuschen, Tischen, Bänken und einem Brunnen vorbei und sind nun am Waalweg angelangt (bis hierher 20 Minuten). Der Waalweg ist mit dem Sonnensteig identisch (» siehe S. 16) – Vegetation, Licht und Stimmung erinnern an südliche Landstriche. Nun biegen wir im spitzen Winkel rechts ab und wandern in Fließrichtung des Wassers Richtung Tartsch. Der Weg geht durch helle Schwarzföhrenwälder, bald ist er von Hecken

DIE BUNKER VOM ALPENWALL

Die gewaltigen Betonbunker am Weg sind Teil des Alpenwalls, den Italiens faschistischer Diktator Benito Mussolini ab 1936 als Schutzwall erbauen ließ. Er traute seinem Verbündeten Adolf Hitler doch nicht so ganz und wollte die Nordgrenze Italiens mit dem neu dazugewonnenen südlichen Tirol vor einer möglichen Invasion schützen. Der Bau wurde in den 1940er-Jahren eingestellt, 1943 wurde Italien von Deutschland kampflos überrollt. Vor einigen Jahren erwarben private Käufer die ehemaligen Verteidigungsanlagen, die sie jetzt zum Teil als kuriose Ferienhäuser oder Lagerräume nutzen.

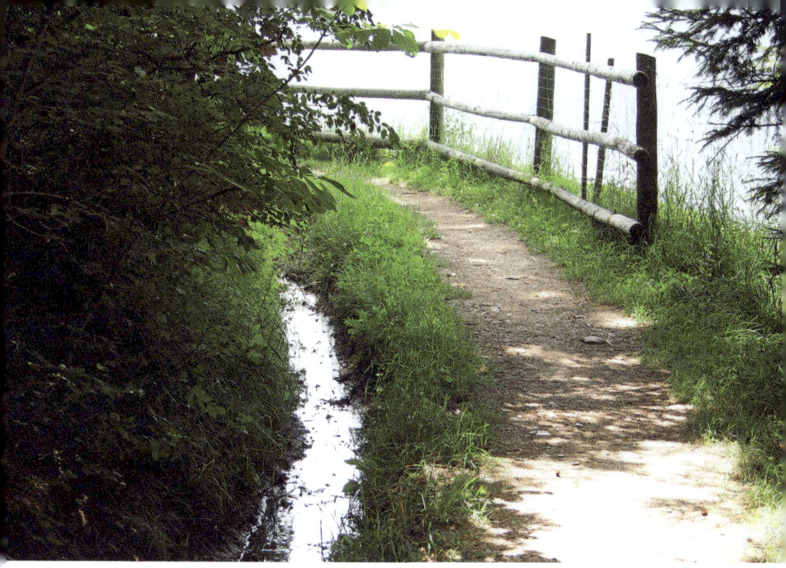

und Büschen gesäumt, wilde Kirsch- und Nussbäume mischen sich darunter. Eine Tafel erläutert uns die Bedeutung der Hecken für die Natur: Sie sind Nistplatz und Nahrungsquelle und bieten vielen Tieren Schutz. Die typischen Sträucher sind mit Namensschildern versehen. Wiesen liegen auch am Weg, der Blick geht weit über den Vinschgau, hin zum Tartscher Bühel, nach Glurns, Prad und zur mächtigen Ortlergruppe mit den Eiskappen. Eine Holzskulptur erinnert an eine Sagenfigur, den Lorgg; dann endet der Waal im Raweingraben. Ein Steiglein bringt uns kurz etwas steil bergab zu einem Feldweg, der zwischen Kirschplantagen und Wiesen in Richtung Tartsch führt. Bei den ersten Häusern biegen wir rechts ab und gelangen auf die Vinschgauer Staatsstraße. Auf dem Gehsteig gehen wir in Richtung Mals zur Pizzeria Remo, hinter dem Haus über den Parkplatz wenige Meter bis zum gelben Haus mit dem roten Ziegeldach, dort fädeln wir einen Wiesensteig ein. Der Weg folgt bald der Trasse des Unterwaales zwischen Wiesen, Häusern und Gärten und bringt uns an den Ausgangspunkt zurück.

DER MALSER LORGG

Am Weg steht die hölzerne Statue des „Lorgg“, einer Sagengestalt aus dem oberen Vinschgau. Der Lorgg trägt seinen Kopf unter dem Arm. So erschien er, der Sage nach, Trunkenbolden, Erntedieben und jenen, die sich nicht an die Sonntagsruhe hielten, erschreckte sie zu Tode und sprang ihnen auf den Buckel, sodass sie ihn ein Stück weit mit sich tragen mussten.

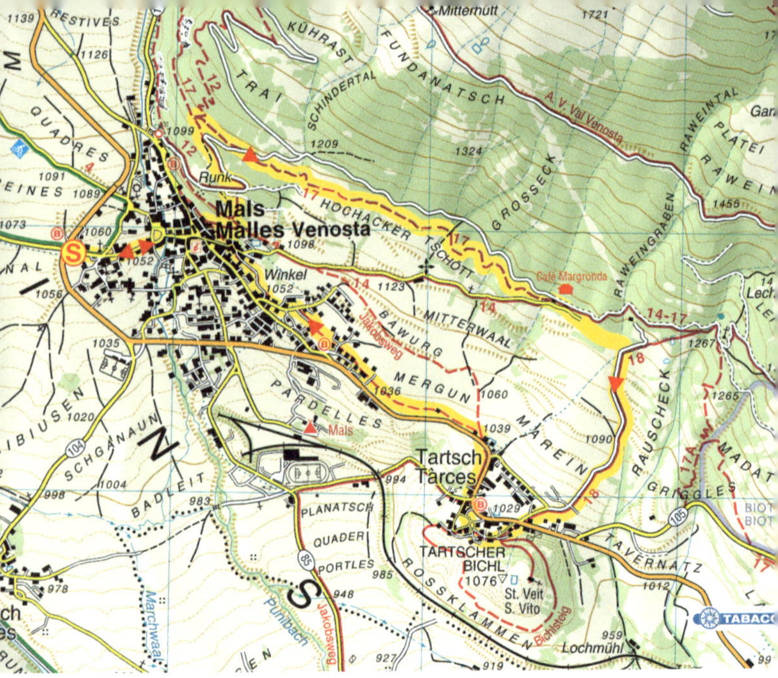

EINKEHRTIPP

Michlwirt: Schön renoviertes altes Straßengasthaus an der Vinschgauer Staatsstraße mit Stuben, Kachelofen und modernem Ausbau. Mittags von Arbeitern stark besucht. Tartsch 35, Mals, Tel. 328 3638861, www.michlwirt.it. Wechselnde Öffnungszeiten, besser telefonisch prüfen! Sa. und So. Ruhetag.
Pizzeria Remo: Große Pizzeria und Restaurant mit Gastgarten am nordwestlichen Ortsende von Tartsch, Hauptstraße 5, Tartsch, Mals. Tel. 0473 835210, www.pizzeriaremo.it. Mittags und ab 17 Uhr geöffnet, Mi. und Do. Ruhetag.

INFOS IN KÜRZE

Familienfreundliche Wanderung mit schöner Aussicht, sonnig.
Kirche St. Benedikt, Mals, 1.080 m
leicht
2 h 20 min
185 Höhenmeter
7,3 km

Auf der Dorfumfahrung von Mals bei den Hinweisschildern zum Kirchlein St. Benedikt rechts ins Dorf abbiegen. Bei der Kirche kostenlose Parkplätze, über die St.-Benedikt-Straße zum Dorfplatz (siehe Wanderung 1).
Mit Bus oder Bahn bis Mals

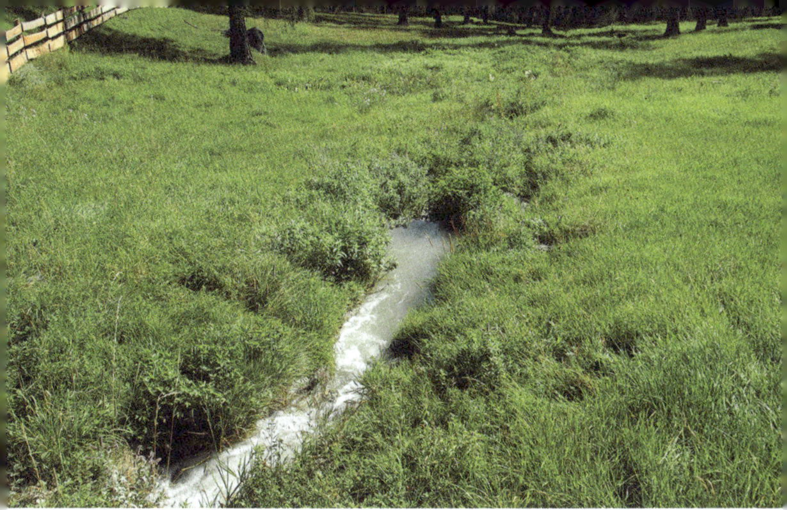

3 Der Münstertaler Waalweg

Taufers im Münstertal ist die westlichste Gemeinde Südtirols, wie im übrigen Vinschgau ist auch hier die Niederschlagsmenge gering. Kein Wunder also, dass auch in diesem Hochtal Wasser aus den Bächen zur Bewässerung auf die Felder geleitet wird. Unser Weg führt in einer abwechslungsreichen Rundwanderung durch Lärchenwälder, Wiesen, am Bachufer und einem aufgelassenen Waal entlang, quert karge Sonnenhänge und verläuft durch ein typisches Vinschgauer Straßendorf.

Im Gebiet von Taufers gab es etliche wichtige Waale, zwei davon sind noch in Betrieb, die anderen sind aufgelassen, aber die Trassen sind noch erhalten und werden als Wanderwege benutzt. Das Wasser kommt aus der Schweiz, es wird aus dem 25 Kilometer langen Rambach abgeleitet, der am Ofenpass entspringt und bei Glurns in die Etsch fließt. Unsere Wanderung beginnt kurz hinter Glurns, nach der halben Wegstrecke kommen wir ins Dorf Taufers, einst ein zentraler Ort auf dem Übergang nach Graubünden und Chur (Ofenpass) oder über das Wormser Joch nach Bormio und in die Lombardei. Mittlerweile liegt Taufers an einer alpenquerenden Nebenstrecke und hat viel von der einstigen Bedeutung verloren, Kulturdenkmäler wie die Burgruinen Rotund und Reichenberg als Wächter über die Durchgangsstraße sowie das Pilgerhospiz St. Johann erinnern uns an diese Zeiten. Das Kloster St. Johann in Müstair, wenige Kilometer von Taufers entfernt und bereits auf Schweizer Gebiet, gab dem ganzen Tal seinen Namen (Münstertal). Bei Taufers ist nicht nur die Staatsgrenze, sondern auch die Sprachgrenze zwischen den

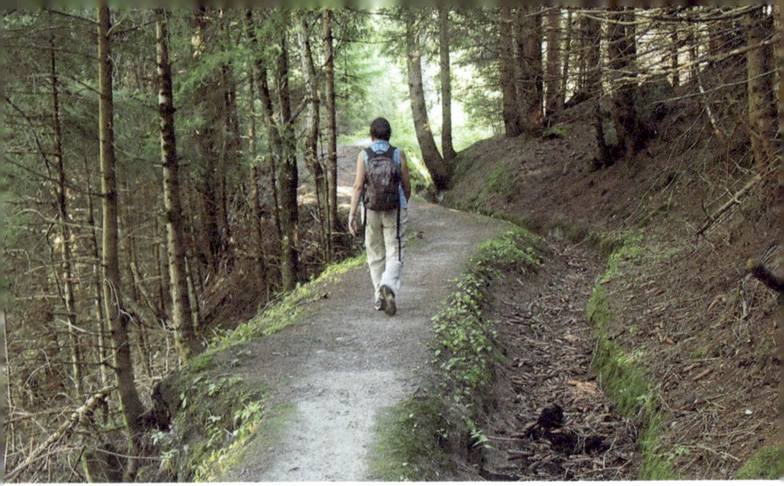

deutschsprachigen Südtirolern und den Rätoromanisch sprechenden Bündnern. Auch die Religionsgrenze verläuft hier, die meisten Bewohner der Schweizer Talschaft sind reformiert, während das nahe und mächtige Benediktinerkloster Marienberg dafür sorgte, dass der Vinschgau und das Tauferer Tal katholisch blieben.
Wir starten an der Calvenbrücke, wenige Kilometer westlich von Glurns, an der Staatsstraße. Leider wurde im Zuge einer Straßenverlegung und dem Bau einer neuen Brücke der Beginn des Wanderweges verlegt, der auf den Wanderkarten verzeichnete Weg ist gesperrt. Um nicht auf der Straße zu gehen, nehmen wir den Radweg, der parallel zur Staatsstraße, durch Leitplanken getrennt, taleinwärts führt. Nach etwa 300 m verlassen wir ihn, klettern über die Leitplanken, queren den Bach auf der neuen Autobrücke und biegen unmittelbar danach links auf einen Wiesenweg ein. Wir sind nun auf dem alten, mit Nr. 8 markierten Wanderweg nach Taufers, der das erste Stück einer Stromleitung folgend durch Lärchenwiesen bergauf geht. Bald stoßen wir auf den Rampitschenwaal. Es ist kein Waal mit Begleitsteig, sondern ein Bächlein, das munter in einem Graben mit ordentlichem Gefälle und deshalb mit starker Strömung durch die Wiesen rauscht. Unser Wanderweg geht immer in einiger

WOHER DER BACH SEINEN NAMEN HAT

In der Schweiz heißt der Bach Rom, im Tauferer Tal Rambach. Die Einheimischen meinen scherzhaft, dass der Bach seinen Namen von seinem milchig weißen Wasser hat, das an Sahne, in Tirol Rahm genannt, erinnert. Richtig ist hingegen, dass die rätoromanische Wortwurzel Ram „Zweig, Zufluss" (lateinisch „ramus") bedeutet, der Name des Bachs also „Etschzufluss" bedeutet.

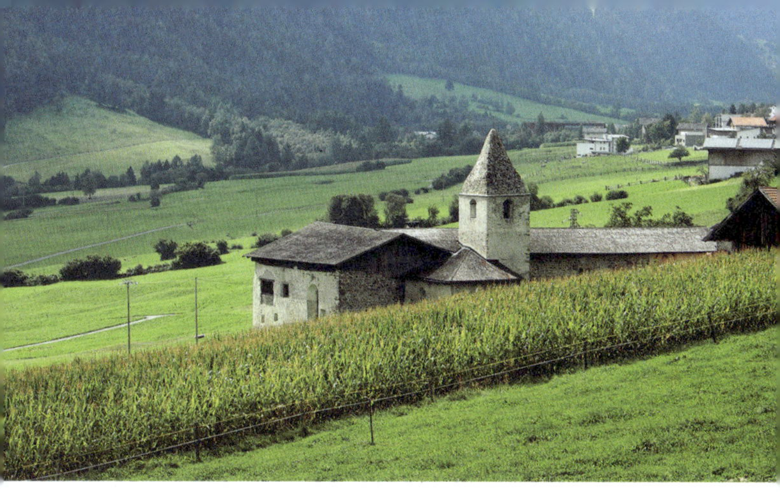

Entfernung davon durch herrlichen, hellen Lärchenwald bergauf, dabei überqueren wir abermals die Staatsstraße. Holzzäune, Wiesen, Terrassen mit Trockenmauern, Lesesteinkegel, ein Löschteich, Haselnuss- und Berberitzenbüsche sowie Kirschbäume sind am Weg, der sich bis zum oberen Rand des Turnaunaschwemmkegels hinzieht. Hier beginnt der Plurwaal. Er führt noch Wasser und schlängelt sich durch interessante Trockenhänge, die jenen des Vinschgauer Sonnenberges ähneln, bis nach Taufers. Es geht um Felsnasen herum, durch Buschwald, Tische und Bänke laden zum Verweilen ein, die Aussicht über das Tauferer Tal, zu den Schweizer Bergen und hinaus in den Vinschgau ist grandios. Wenig später sind wir im Dorf Taufers, entlang der Hauptstraße treffen wir linker Hand auf den gemütlichen Gasthof Lamm, es ist die richtige Zeit für die Mittagspause (ab Calvenbrücke 2 Stunden). Danach geht es auf der Straße kurz taleinwärts, wir biegen links in den Stradesweg ein, die Hinweisschilder „Rambach" und „Rivair" mit der Nr. 9A führen auf einem asphaltierten Wiesenweg auf den Bach im Talgrund zu. Wir folgen nicht dem Radweg, bei einer Abzweigung bleiben wir rechts (Wegweiser „Rambach", „Rivair", „Puntweil"). Ein Steiglein geht nun durch den Auwald, wir überqueren den rauschenden Rambach auf einer Holzbrücke und folgen ihm (Nr. 9) rechtsseitig bis zum kleinen, versteckten Weiler Rifair (auf den Schildern auch „Rivair" geschrieben, ab Taufers 40 Minuten). Den breiten Güterweg, der dem Bachlauf folgt, verlassen wir bald darauf (Achtung: Abzweigung nicht versäumen!), um dem aufgelassenen Glurnser Mitterwaal zu folgen. Wir sind im

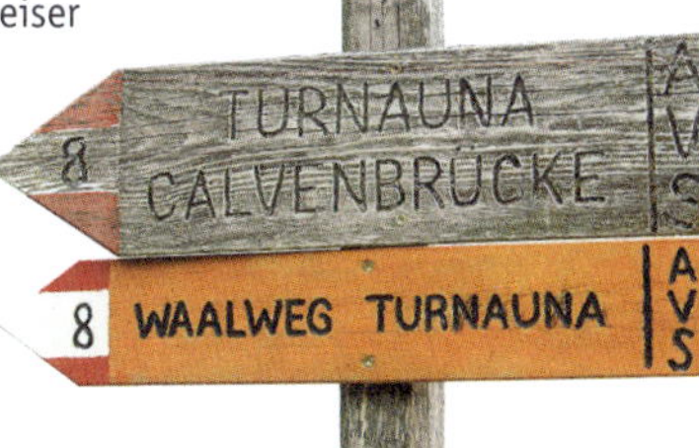

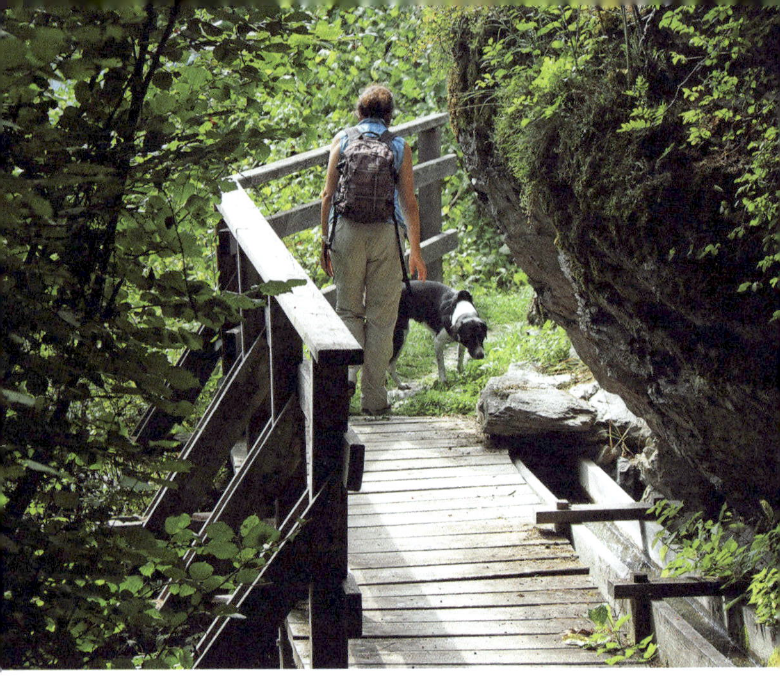

Gebiet des Nationalparks Stilfser Joch, der Waal führt zwar kein Wasser mehr, das läuft in einer Rohrleitung, aber der beeindruckende Begleitweg wurde instandgesetzt und führt über die Hänge, durch dunklen Fichtenwald, quert Bächlein, felsige, mit Blockwerk durchsetzte und mit Stegen und Geländern gesicherte Steilstücke. Der tief eingeschnittene und gewundene Verlauf lässt deutlich die einst starke Wasserführung und Bedeutung des Waales, der die Felder um

DIE CALVENSCHLACHT

Der Vinschgau und das Münstertal waren im Mittelalter zwischen dem Fürstbistum Chur und der Grafschaft Tirol hart umkämpft. Tirol hatte die Landeshoheit über Vinschgau-Unterengadin, aber auch das Bistum Chur hatte dort Güter und Rechte. Streitigkeiten und Übergriffe lösten schließlich einen offenen Konflikt aus, der im Februar 1499 in einen Krieg zwischen den Eidgenossen und dem Haus Habsburg mündete. Bei der Schlacht an der Calven, einer Engstelle in der Nähe von Glurns, dem Ausgangspunkt unserer Wanderung, erlitt das Heer der Habsburger eine vernichtende Niederlage mit Tausenden von Toten. Es war die größte und blutigste Auseinandersetzung, die es je in Südtirol gegeben hat, eine Gedenktafel an der alten Brücke erinnert daran.

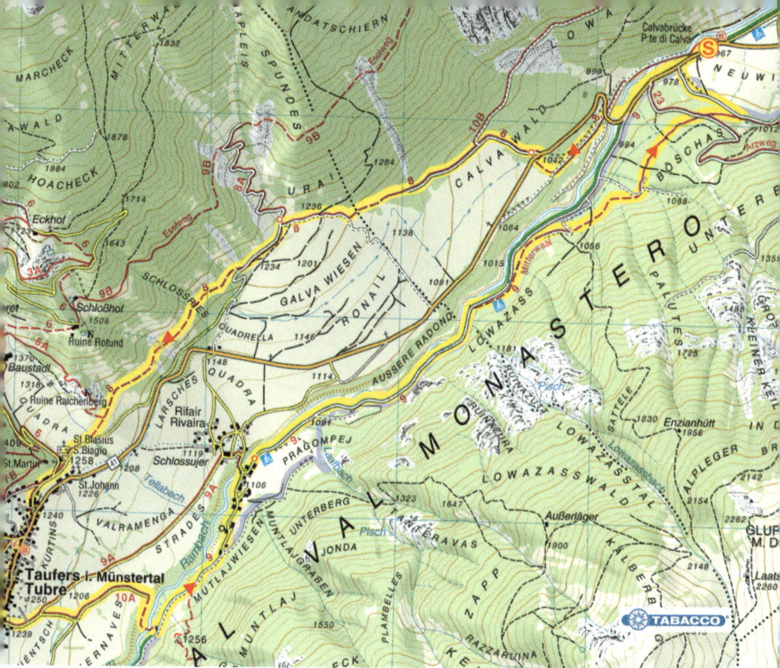

Glurns bewässerte, erkennen. Wo sich mehrere Steige kreuzen, biegen wir im spitzen Winkel links zur Calvenbrücke ab (Nr. 24) und sind am Anfangspunkt unserer Wanderung angelangt.

EINKEHRTIPP

Tuberis: Das gemütliche Dorfgasthaus Lamm wurde 2018 großzügig erweitert und als Tuberis Nature & Spa Resort wiedereröffnet. Tagesgäste und Wanderer sind willkommen! Gute Küche, Terrasse. St.-Johann-Straße 37, Taufers im Münstertal, Tel. 0473 832168, www.tuberis.com

INFOS IN KÜRZE

Rundwanderung durch vielseitige Landschaft mit vielen Höhepunkten

Calvenbrücke bei Glurns, 970 m

lang, Einstieg etwas umständlich wegen Straßenneubaus

4 h

350 Höhenmeter

12 km

Von Glurns Richtung Schweiz, 3 km nach dem Dorf Parkplatz am Sportplatz, wenige Plätze auch am Radweg bei der alten (gesperrten) Calvenbrücke.

Bus Nr. 811, Haltestelle Calvenbrücke

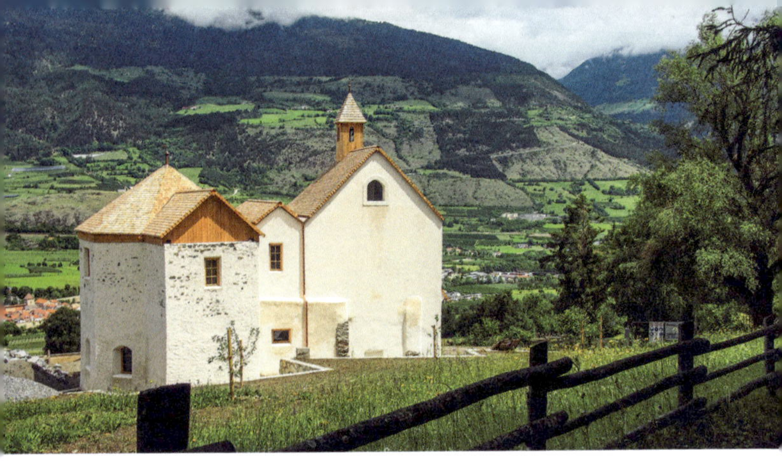

4 Der Bergwaal bei Glurns

Westlich von Glurns steigt ein bewaldeter Berg auf, das Glurnser Köpfl, an dessen Fuß Wiesen und Felder auf einem bewachsenen Murkegel keilförmig bis zum Waldrand vorstoßen. An der Spitze dieses Kegels schaut das einsame Kirchlein St. Martin weit über den Obervinschgau hinaus. In der Nähe beginnt ein kurzer Rundwanderweg durch schöne und vielfältige Landschaft. Er verläuft längs einer Teilstrecke des Glurnser Bergwaals, fernab vom Trubel des viel besuchten nahen mittelalterlichen Städtchens.

Ausgangspunkt für den Rundweg am Bergwaal ist das Tauferer Tor in der Stadtmauer im Westen von Glurns. Wir gehen an der außerhalb der Mauern gelegenen Pfarrkirche St. Pankratius vorbei, folgen südwärts der Landesstraße nach Prad und biegen nach 70 m rechts in die schmale Asphaltstraße bergauf Richtung St. Martin ab. Das Kirchlein grüßt vom Waldrand herab, Wegweiser und Markierung 24 leiten uns. Kurz unterhalb des Kirchleins, bei einem Bildstock, orientieren wir uns an einer Informationstafel der Parkverwaltung. Wir wandern weiter bergauf (immer noch Markierung Nr. 24) – St. Martin liegt rechts, hinter dem Holzzaun, in den Wiesen –, folgen dem breiten Forstweg und kommen an einem Grillplatz, einem Brunnen und einem Wasserbecken, einer sogenannten „Tschött", vorbei. Wir überqueren das vom Glurnser Köpfl herabfließende und im Sommer kaum Wasser führende Bächlein, verlassen den breiten Güterweg nach links und biegen bei

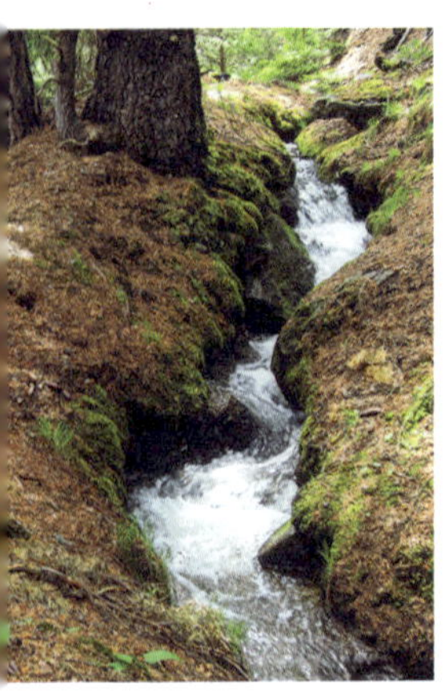

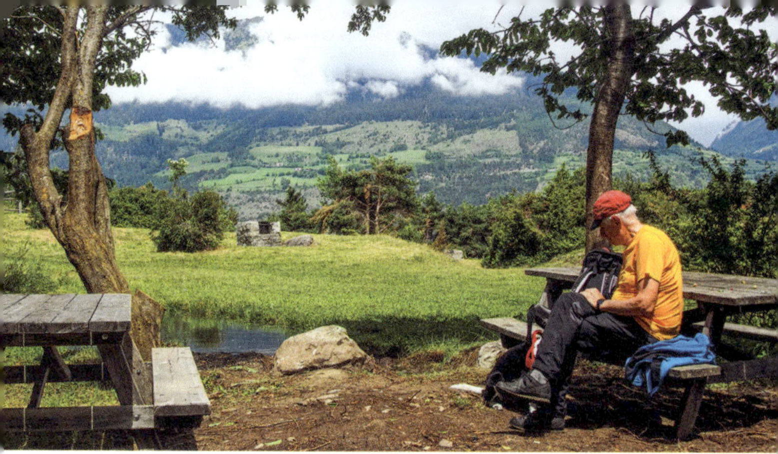

der Wasserfassung am Ende des Waales in den Waalweg ein (Markierung 20; bis hier 15 Minuten). Dieser Waalweg führt nicht wie gewohnt eben neben dem Wasserlauf einher, sondern windet sich in Kurven mit mäßiger, aber deutlicher Steigung immer leicht bergauf durch schönen Nadelwald. Das wenige, aber rasch fließende Waalwasser hat sich tief in den Waldboden eingegraben. Der Steig wird flacher, wir stoßen auf einen Forstweg (bis hierher ab Glurns eine knappe Stunde Gehzeit) und verlassen diesen nach links (Markierung 25A), der breite, jetzt ebene und mit Gras bewachsene Weg führt durch Föhrenwald zum Platzgangl, einer stimmungsvollen und meist einsamen Lichtung mit Tischen und Bänken, einem kleinen Teich, einem Brunnen und einer Grillstelle – ein schöner Platz für eine beschauliche Rast. Die Aussicht über den Obervinschgau ist traumhaft, wahrlich ein Ort zum Schwärmen! Der Rückweg geht im spitzen

DAS KIRCHLEIN VON ST. MARTIN

Die alleinstehende Kapelle besticht vor allem durch die außergewöhnliche Panoramalage. 1668 errichtet, wurde sie unter Kaiser Josef II. geschlossen, 1795 wiedereröffnet, 1799 von den Franzosen in Brand gesteckt, 1872 erneuert, vor etlichen Jahren abermals renoviert, 2020 bekam sie ein neues Schindeldach. Mit dem hölzernen Dachreiter mit Spitzhelm und der nördlich angebauten, zum Teil älteren Einsiedelei bildet sie eine interessante architektonische Einheit. Der hl. Martin wird im Alpenraum nicht nur als Wohltäter – als römischer Soldat teilte er seinen Mantel mit dem Schwert und gab eine Hälfte einem Bettler – sondern auch als Viehpatron verehrt, der um Gesundheit für die Haustiere angerufen wurde, weshalb viele Martinskapellen und Bildstöcke auf Feld und Flur, so wie hier bei Glurns, anzutreffen sind.

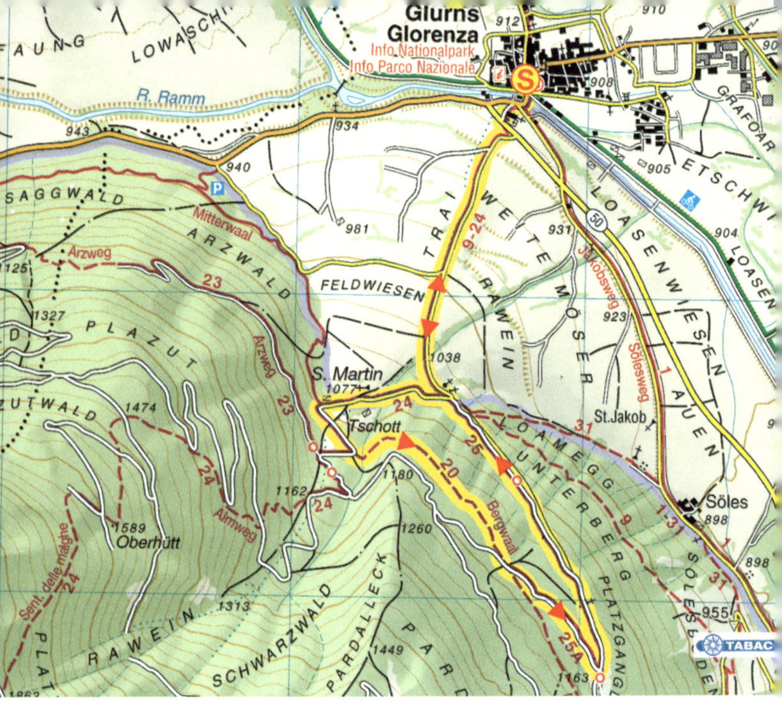

Winkel links zügig bergab über den breiten Feldweg (Nr. 25) zur Ausgangsstelle mit Panoramatafel und Parkplatz zurück.

EINKEHRTIPPS

Direkt am Weg gibt es keine Einkehrmöglichkeit, aber in Glurns mangelt es nicht an Wirtshäusern und Cafés; empfehlenswert sind etwa der **Grüne Baum**, die **Post**, **Flurin** oder der **Kiosk am Tauferer Stadttor** mit Tischen, Bänken und Sonnenschirmen.

INFOS IN KÜRZE

Kurze, aber landschaftlich sehr interessante Rundwanderung. Keine Einkehr, am Weg mehrere Wasserbrunnen. Für Kinderwagen nicht geeignet.

Glurns, am Tauferer Stadttor, 1.050 m

1 h 20 min

140 Höhenmeter

3 km

leicht

Parkplätze neben der Pfarrkirche St. Pankratius westlich außerhalb der Glurnser Stadtmauern, nahe dem Tauferer Stadttor.

Bus Nr. 811 Mals–Glurns–Zernez, Haltestelle Tauferer Tor

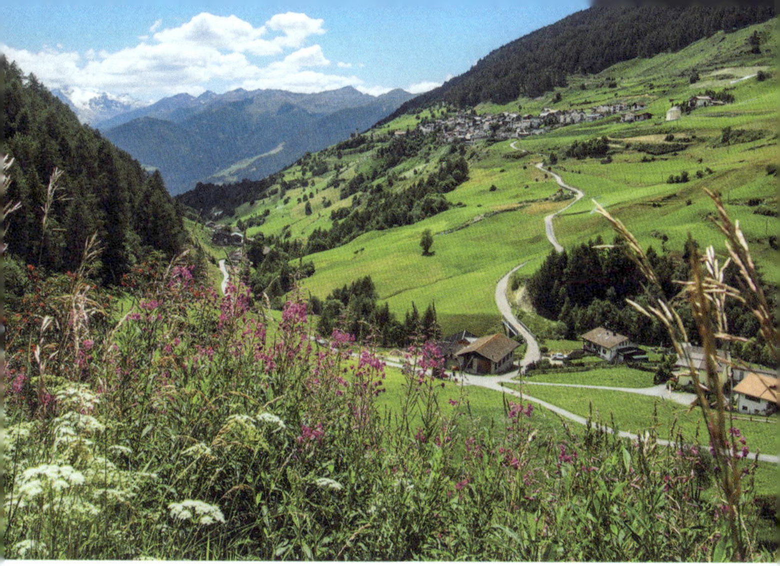

5 Der Ackerwaal in Matsch

Matsch ist ein Dörfchen im oberen Vinschgau, seine eng aneinander gebauten Häuser liegen auf der Sonnenseite des kleinen Tales, das sich zu den Dreitausendern der Ötztaler Alpen hinzieht. Die Wasserfassung des Ackerwaales, der das Wasser über viele Kilometer bis zu den Feldern um Matsch bringt, ist kurz vor den Glieshöfen im Talschluss am Saldurbach. Wir verbinden diesen Waalweg mit einem Stück des Vinschger Höhenweges zu einem Rundweg von beachtlicher Länge für einen herrlichen Tagesausflug bei dem alles stimmt: gute Wege, leichte Orientierung, phantastische Aussicht und eine bemerkenswerte Einkehr.

Wir beginnen unseren Ausflug in Matsch, wandern auf der Dorfstraße taleinwärts, nach den letzten Häusern, bei dem Florin-Kirchlein, treffen wir auf den Wegweiser: Alle Wege führen rechts auf der schmalen Asphaltstraße in den Talgrund. Beim Mühl-Hof überqueren wir den Saldurbach, jetzt geht es auf der anderen Talseite bergauf und talauswärts (150 Höhenmeter), bald nach einem großen Bauernhof treffen wir auf den Vinschger Höhenweg. Wir folgen ihm und biegen dazu links ab, verlassen die Asphaltstraße und gehen auf dem breiten Forstweg (Markierung 20, angegebene Gehzeit bis zum Glieshof 1 h 50 Min) in leichter Steigung und später eben auf der orographisch linken Talseite ins Tal hinein. Beim Saldurbach stoßen wir auf die Autostraße, folgen ihr für einen Kilometer und biegen dann auf den alten Karrenweg ab, der uns am Außerglieshof vorbei

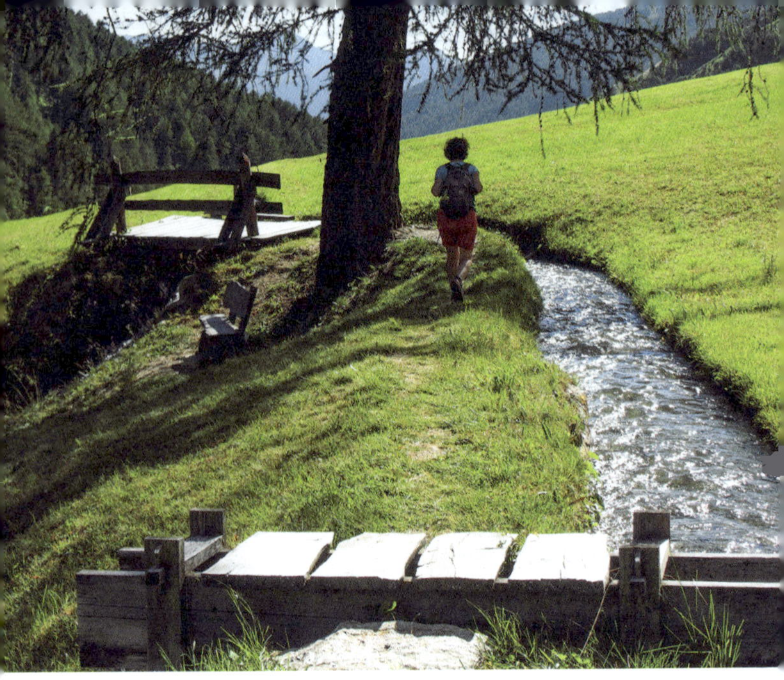

über Wiesen zum Einkehrziel, dem Hotel Glieshof, bringt. Bis hierher knappe 3 Stunden Gehzeit. Nach der verdienten Rast geht es auf dem Rückweg zum Tal hinaus, bei der Brücke nach dem Außerglieshof fädeln wir rechter Hand den Steig des Ackerwaales (Nr. 11) ein. Er verläuft kurz parallel zum Saldurbach, bleibt dann in der Höhe und quert mit herrlicher Streckenführung und prächtiger Aussicht zur Ortlergruppe die teilweise steilen und felsdurchsetzten

DAS BERGSTEIGERDORF MATSCH

Es begann in Österreich: Einige Bergdörfer hatten aus der Not eine Tugend gemacht und die Interessensgemeinschaft der Bergsteiger-Dörfer gebildet. Matsch ist – so wie Lungiarü (dt. Campill) im Gadertal – in diesem Verbund Mitglied. Diese Dörfer sehen das Tourismuspotential nicht in großen Betrieben, der Verkehrsanbindung durch Autobahn oder Flugplatz, intensiver Erschließung und dergleichen. Vielmehr punkten sie mit einer hohen Natur-, Landschafts- und Ortsbildqualität, mit Schutzhütten in hohen Lagen, die nur zu Fuß erreichbar sind und setzen auf alpine Kompetenz durch Bergführer, Tourenprogramme, Kartenmaterial sowie ein gut ausgebautes und beschildertes Wegenetz. Matsch passt perfekt in dieses Schema. Mehr dazu unter www.bergsteigerdoerfer.org

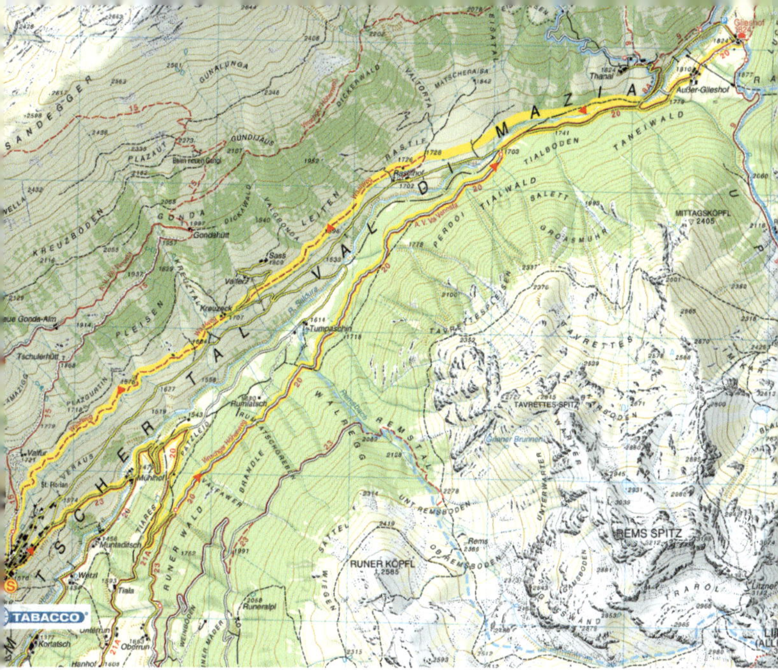

Wiesenhänge. Kurz vor dem Dorf verschwindet das Wasser des Waales in Rohren und der Steig geht kurz und steil ins Dorf, zum Ausgangspunkt zurück.

EINKEHRTIPP

Almhotel Glieshof: Das Gasthaus der Familie Heinisch mit großer Bergsteigertradition wurde kürzlich um einen modernen Hotelzubau erweitert. Wanderer sind gern gesehene Gäste. Gute Küche, große Terrasse. Matsch 69, Mals, Tel. 0473 842622, www.glieshof.it

INFOS IN KÜRZE

Rundwanderung in beträchtlicher Höhe durch einsame Berg- und Wiesenlandschaft, tolle Aussicht, gute Einkehr.

Matsch, 1.564 m

4 h 45 min

460 Höhenmeter

16,2 km

mittelschwer, weil lang und etliche Höhenmeter auf dem Hinweg

Von der Vinschgauer Staatsstraße bei Tartsch ins Matschertal abbiegen. Wenige Parkplätze im Dorf, kurz vor der Kirche an der Ortseinfahrt größerer gebührenfreier Parkplatz

Mit Bus bis Matsch, Linie 278

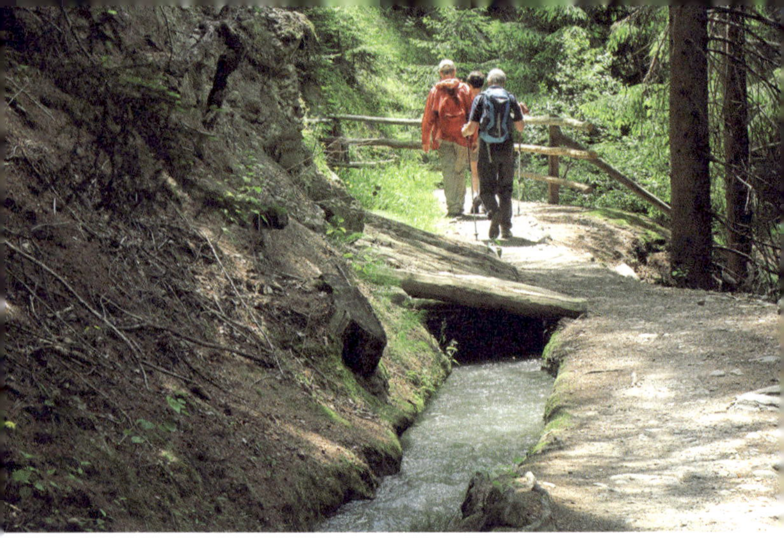

6 Der Leitenwaal und der Berkwaal bei Schluderns

Dieser Rundweg, der zwei Waalwege miteinander verbindet, führt durch ein echtes Stück Vinschgau mit seinen Kontrasten: trockene Sonnenhänge über Schluderns, herrliche Wälder aus mächtigen Schwarzkiefern und knorrigen, uralten Lärchen und eine tiefe Schlucht mit dem schäumenden Saldurbach, der auch im Sommer viel Gletscherwasser führt. Kulturhungrige können einen Abstecher zum prähistorischen Siedlungsplatz Ganglegg machen, nebenbei auch ein hervorragender Platz für ein gemütliches Picknick mit faszinierender Aussicht über den Obervinschgau, hin zum schneebedeckten Ortler, dem mauergegürteten Städtchen Glurns und der trutzigen Churburg oberhalb von Schluderns.

Startpunkt ist das Ortszentrum von Schluderns. Durch die Kalvarienbergstraße steigen wir zwischen den letzten Häusern von Schluderns auf den felsigen, das Dorf überragenden Kalvarienberg bis zu den drei großen Kreuzen mit der eindrucksvollen Kreuzigungsgruppe. Wir folgen dabei den Schildern „Leitenwaal, Nr. 17". Nach etwa einer halben Stunde Aufstieg durch Wiesen und Felder erreichen wir die hangquerende Waaltrasse und folgen ihr nach rechts, hier weisen Schilder auf die archäologische Grabungsstätte des Ganglegg hin, für deren Besichtigung mindestens 30 Minuten einzuplanen sind. Wir steigen weiter leicht bergauf, bleiben dabei auf dem Weg Nr. 17, der Waal schlängelt sich ins Matscher Tal am

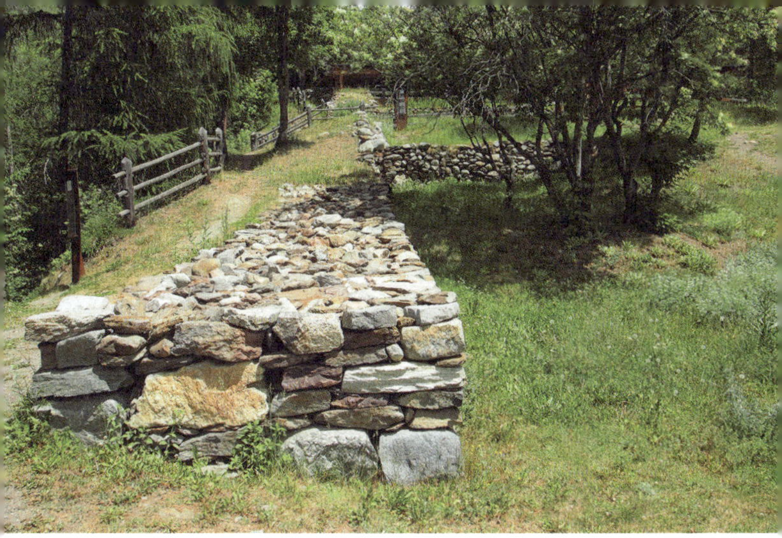

Berghang entlang durch einen Wald mit mächtigen Schwarzföhren. Das einst durch zu starke Viehbeweidung versteppte, kahle Gelände wurde in der Zwischenkriegszeit mit diesen schnellwüchsigen, nicht heimischen Nadelbäumen, die sich mit dem trockenen, kargen Standort begnügen, aufgeforstet und ist jetzt dicht bewaldet. Ausgesetzte Stellen des Waalweges sind mit Seilen und Geländern gut gesichert. Nach einer guten Stunde Gehzeit (ab Schluderns) erreichen wir die Wasserfassung des Waales beim rauschenden und tosenden Saldurbach, der seit Jahrhunderten Gletscherschmelzwasser aus dem Matscher Tal auf die Felder rund um Schluderns bringt. Wir überqueren den Bach gefahrlos auf einer Holzbrücke und wandern auf der gegenüberliegenden Bergseite wieder talauswärts. Streckenweise

GANGLEGG

Auf dem markanten Hügel oberhalb von Schluderns stand einst eine bedeutende Wohnanlage, welche den gesamten oberen Vinschgau beherrschte. Der Name Ganglegg bedeutet übrigens „Gangl (im Volksmund für Schafpferch) am Eck". Bei Grabungen legten Archäologen Siedlungsreste von der Bronze- bis zur Römerzeit frei, darunter gewaltige, 2,5 m dicke Reste einer einstigen Ringmauer, Fundamente rätischer Gebäude und einen Brandopferplatz. Freier Zugang, erklärende Schautafeln, Tisch und Bank für Rast. Die reichen Funde dieser Grabungen befinden sich im Vuseum – 's Vintschger Museum in Schluderns, ein schöner Abschluss der Wanderung. Vuseum, Meraner Straße 1, Schluderns, Tel. 0473 615590, www.vuseum.it. Geöffnet von Ende März bis Ende Okt.

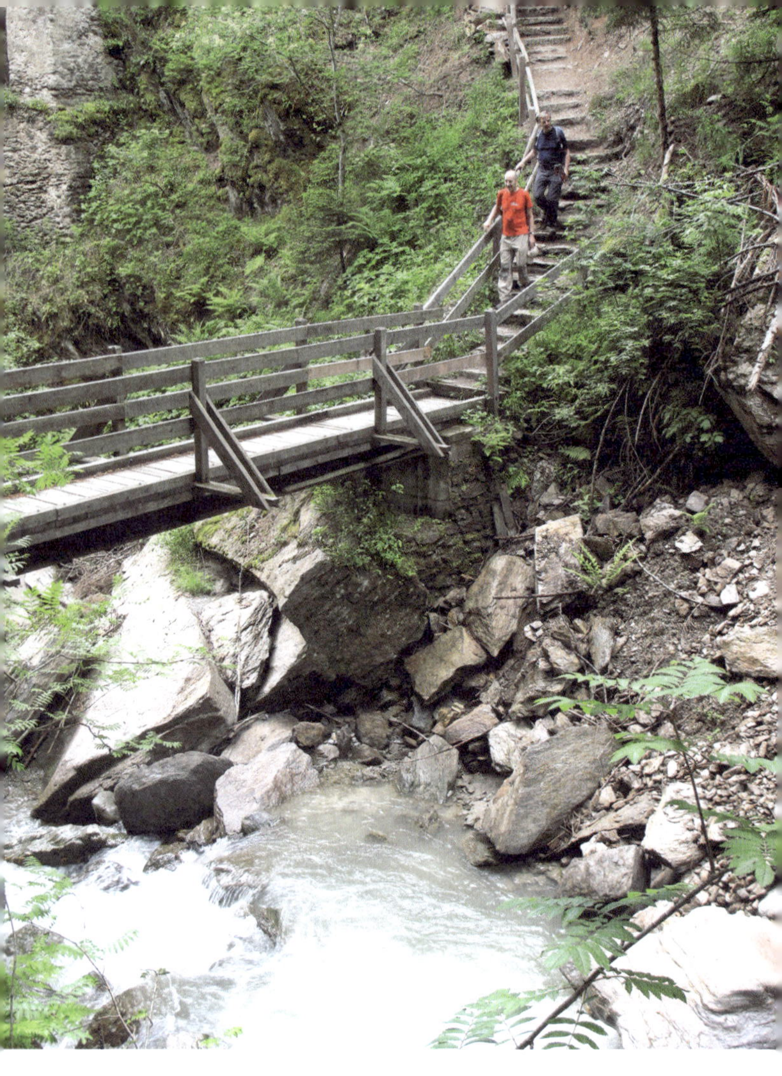

verläuft der Weg durch wildes, felsiges Gelände mit Trockenmauern, das Wasser fließt in natürlichen Untertunnelungen, in Fels geschnittenen Abschnitten oder in den sogenannten „Holzkandln", ausgehöhlten Baumstämmen. Schwierige Stellen werden durch Brücken und Stege überwunden. Bei den Wiesen oberhalb der Churburg endet der Waal, das Wasser verschwindet in Röhren und versorgt die Beregnungsanlagen unterirdisch. Beim Vernalhof, die Churburg und Schluderns sind in Sichtweite, nehmen wir die Höfezufahrt durch Wiesen und Apfelanlagen und steigen ins Dorf zu unserem Ausgangspunkt ab.

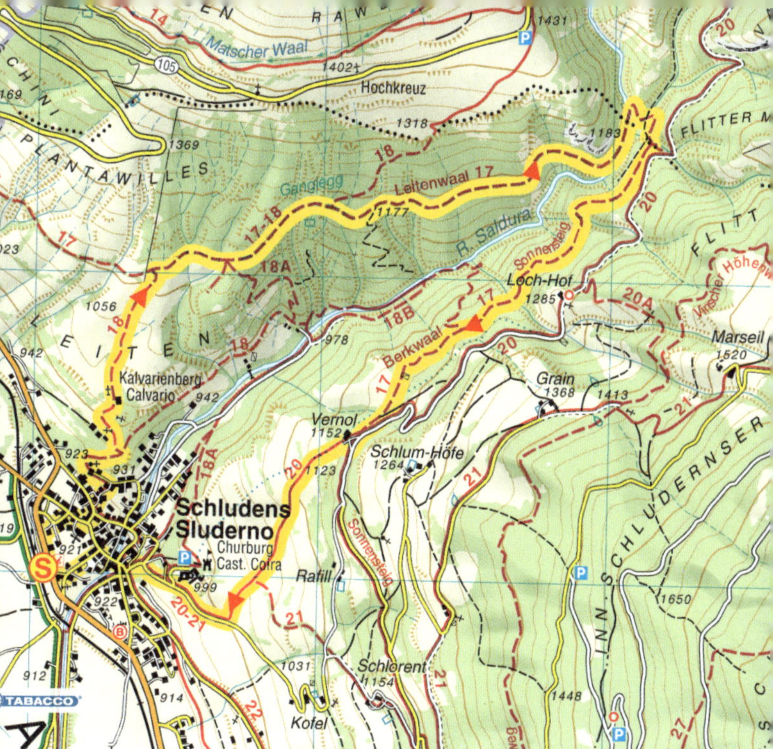

EINKEHRTIPPS

Bar Eis Caffé Time: Liegt an der Staatsstraße, nahe dem Bahnhof. Hausgemachtes Eis und Kuchen, Snacks. Vinschger Straße 15, Schluderns, Tel. 0473 615404, Mo. Ruhetag.

Burggasthof zum Weißen Rössl: Am Fuß der Churburg gelegen, am Weg. Terrasse, einheimische Küche, Mittagstisch bis 15 Uhr. Meraner Str. 3, Schluderns, Tel. 0473 615300, www.burggasthof.com, Mo. Ruhetag.

INFOS IN KÜRZE

Rundweg. Mäßig steiler Aufstieg, ebene Hangquerung, bequemer Abstieg, keine Einkehr am Weg, aber mehrere Picknickplätze.

Schluderns, 926 m

mittel

2 h 40 min

300 Höhenmeter

7,2 km

Auf der Vinschgauer Straße bis Schluderns. Parkplatz beim Bahnhof.

Mit Bus oder Bahn bis Schluderns

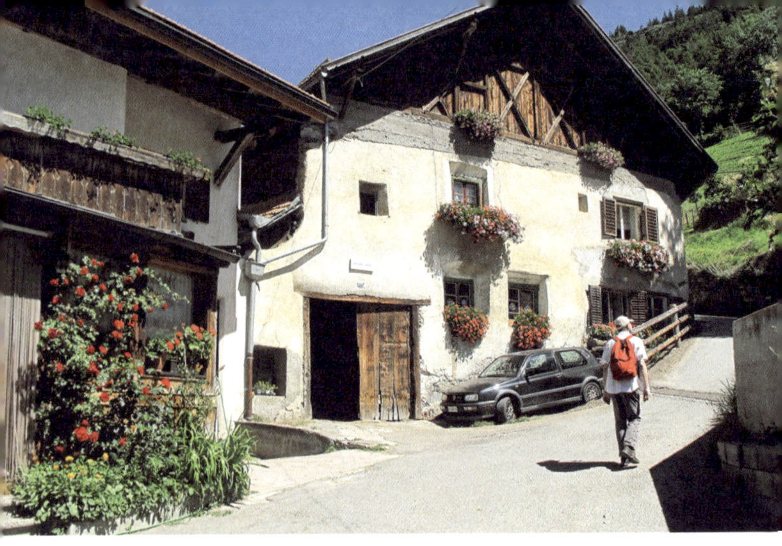

7 Der Gschneirer Waal bei Schluderns

Der Gschneirer Waal ist mit seinen 10 km einer der längsten Südtirols. Die Wasserfassung ist im Remsbach, einem Zufluss des Saldurbaches hinter Schluderns auf etwa 1.750 m Höhe. Er bringt das Bachwasser bis zu den Wiesen der Höfe von Gschneir, daher der Name. Zusammen mit dem Aufstieg ab Spondinig und dem Grigglwaal am Ende ergibt sich eine anspruchsvolle Tagesrundtour mit toller Aussicht, die durch eine vielfältige Kultur- und Naturlandschaft führt. Wir erleben die typische Sonnenberger Vegetation, die eindrucksvolle Schlucht des Matschertales mit alten Lärchenwäldern, den schäumenden Saldurbach, die kunstvoll angelegten und durch steiles, felsiges Gelände führenden Wasserwege sowie das malerische Dorf Schluderns.

Der Waal ist zu großen Teilen in Rohren verlegt, an seinem Oberlauf quert er steile und felsige Hänge, ab dem kleinen E-Werk ist der Begleitweg nicht mehr begehbar. Der Endabschnitt bis zum Weiler Gschneier hingegen ist noch erhalten und gut instandgesetzt und führt manchmal eine Restwassermenge.

Unsere Wanderung beginnt am Bahnhof von Prad-Spondinig, wir überqueren die Staatsstraße und nehmen den Steig 23A, der im Zickzack durch den mit Schwarzkiefern bestandenen Hang bergauf nach Gschneir führt. Wir stoßen auf einen Forstweg, folgen ihm nach rechts, um dann nach 300 m wieder links auf dem Steig weiterzuwandern. Dieser tritt aus dem Kiefern- und Lärchenwald heraus und quert Wiesen und Weiden, die Aussicht über den oberen

Vinschgau, nach Prad und zum Ortler ist einmalig. Nach etwa 1½ Stunden und 420 Höhenmetern erreichen wir die Streuhöfe von Gschneir. Wir überqueren die Höhenstraße, welche Allitz mit Schluderns verbindet, gehen zwischen den Häusern bergauf und folgen einem Feldweg bis zum Waldrand, wo der Waalweg beginnt. Der Weg führt teilweise durch Nadelwald, dann wieder frei und mit schönster Aussicht nordwärts, im Kanal läuft zu Beginn ein spärliches Rinnsal, nach einer halben Stunde Gehzeit führt er plötzlich viel Wasser. Auf diesem Streckenabschnitt ist der Weg mit dem „Vinschger Höhenweg" identisch. Nach etwa 4 km verlassen wird diesen und folgen den Schildern „Berkwaal" taleinwärts. Der Berkwaal führt reichlich Wasser, das munter rauscht und spritzt. Bald stoßen wir auf einen Waldsteig (Schilder „Schluderns", „Grigglwaal"), wir verlassen den Waal und gehen rechts im Zickzack zum Saldurbach hinab, überqueren diesen und gehen nun auf der rechten Seite talauswärts. Wir sind am Grigglwaal, dessen Wasser in Rohren verläuft. Der auf der Trasse angelegte Wanderweg geht fast eben am steilen Bergrand z. T. an Felswänden entlang, mit tollen Ausblicken zur gegenüberliegenden Churburg und über die Dächer von Schluderns zum Kalvarienberg und dann ins Dorf. Vom Bahnhof bringt uns die Vinschgerbahn wieder bequem zum Ausgangspunkt in Spondinig zurück.

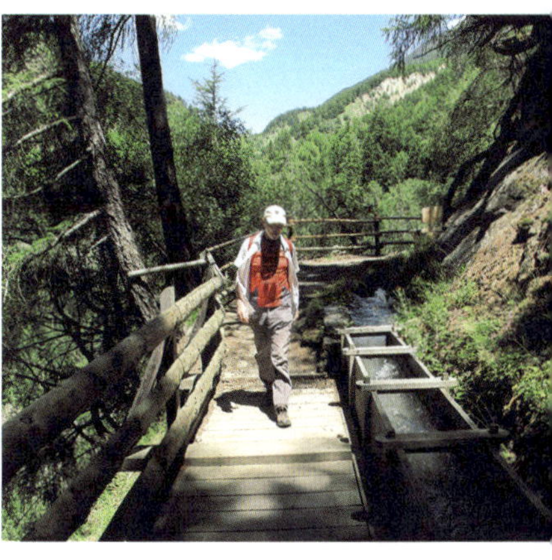

EIN VINSCHGER POLITIKER

In Gschneir steht neben dem winzigen Kirchlein mit dem kuriosen Turm der Moarhof. Dort ist eine Gedenktafel angebracht, welche daran erinnert, dass 1913 hier in dieser Bergeinsamkeit Eduard Wallnöfer geboren wurde. Sein Vater fiel im Ersten Weltkrieg als Kaiserjäger, seine Mutter übersiedelte mit dem kleinen Edl nach Nordtirol. Dort wuchs er auf, heiratete, bewirtschaftete einen Bauernhof und betätigte sich politisch. Er wurde zum Landesrat für Landwirtschaft gewählt und war von 1963–1987 Landeshauptmann von Tirol. In seiner Amtszeit hat er nie seine Südtiroler Wurzeln vergessen und sich immer für grenzüberschreitende Projekte wie Euregio oder Arge Alp eingesetzt.

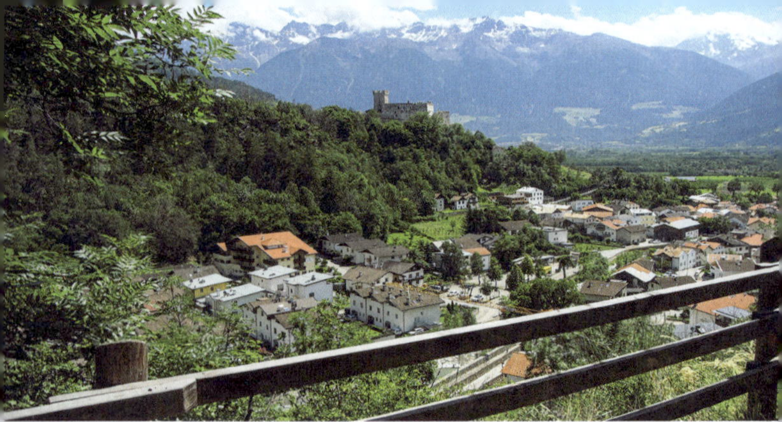

DIE CHURBURG

Die Churburg überragt zinnengekrönt das Dorf Schluderns, ein Blickfang für Freunde der Ritterromantik. Die Burganlage stammt aus dem 13.–16. Jh. und ist seit 1504 Stammsitz der Grafen Trapp. Sie beherbergt kostbares Mobiliar, Kunst aus verschiedenen Epochen und eine der umfangreichsten privaten Rüstkammern. Info: Churburg, Tel. 0473 615241, www.churburg.com

EINKEHRTIPPS

Pension Ortlerblick: Jausenstation in Gschneir mit einer Panoramaterrasse, die dem Namen alle Ehre macht! Großfeldweg 18, Schluderns, Tel. 348 5604408, www.ortlerblick.com, Mai–Mitte Okt. geöffnet, Mo.–Mi. 12.30–16.30 Uhr, Fr.–Sa. 12.30–16.30 Uhr, Do. und So. Ruhetag außer für Gruppen nach telefonischer Vereinbarung.
Weitere Einkehrmöglichkeiten in Schluderns, am Parkplatz beim Bahnhof in Spondinig netter Kiosk.

INFOS IN KÜRZE

lange, sehr abwechslungsreiche Tageswanderung
Spondinig, Bahnhof, 890 m
mittel
4–5 h
550 Höhenmeter
12 km

Auf der Vinschgauer Staatsstraße bis Spondinig (Abzweigung nach Prad, Stilfser Joch), Parkplatz beim Bahnhof oder Anfahrt mit der Vinschgerbahn.
Mit Bus oder Bahn bis Bahnhof Spondinig-Prad

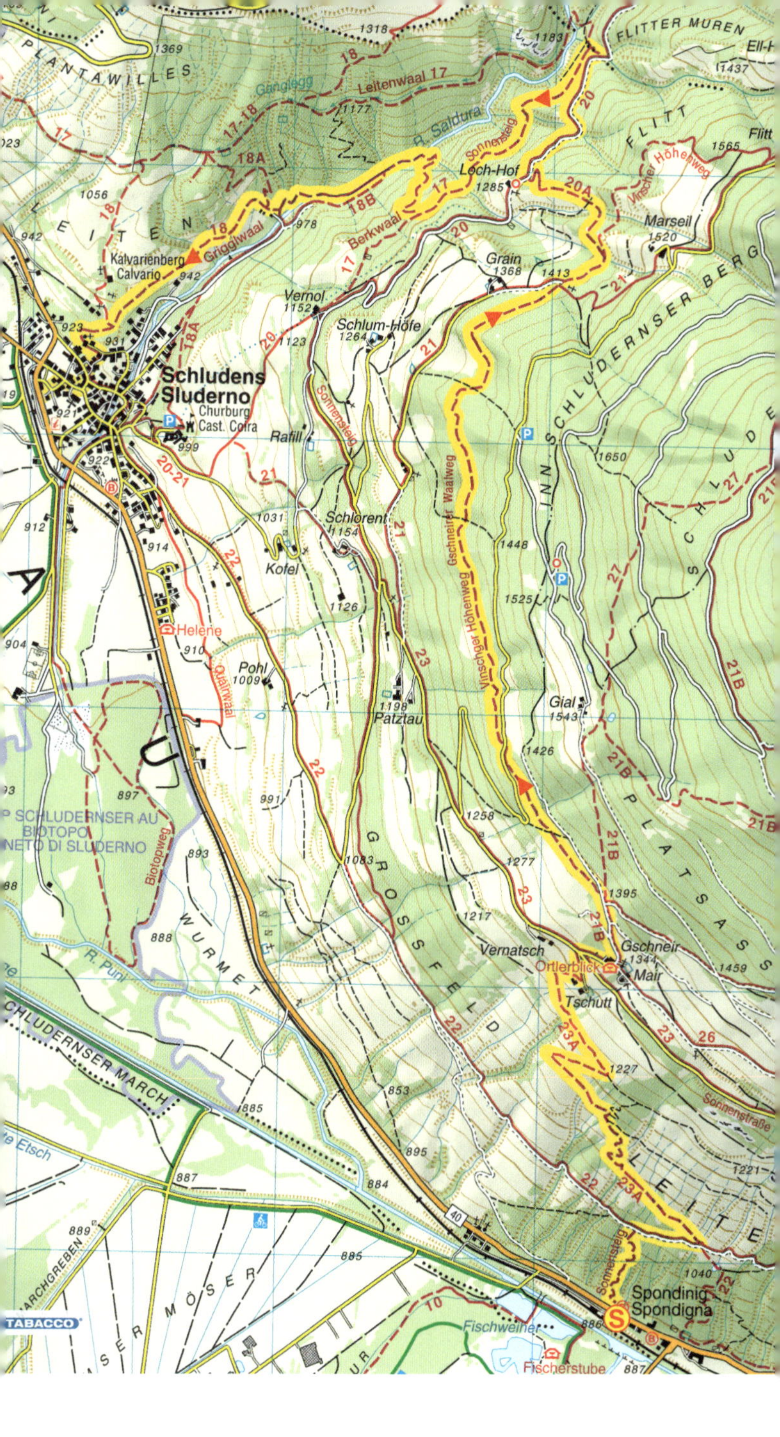

PLANTAWILLES
FLITTER MUREN
Leitenwaal 17
Gangiegg
R. Saldura
Sonnensteig
Loch-Hof
FLITT
Vinscher Höhenweg
Marseil
Kalvarienberg
Calvario
Griggiwaal
Berkwaal
Grain
Vernol
Schlum-Höfe
LEITEN
SCHLUDERNSER BERG
Schludens
Sluderno
Churburg
Cast. Coira
Rafill
Schlorent
Kofel
Helene
Pohl
Quairwaal
Gschneirer Waalweg
Vinschger Höhenweg
Patztau
Gial
SCHLUDERNSER AU
BIOTOPO
NETO DI SLUDERNO
Biotopweg
WURMET
GROSSFELD
Vernatsch
Ortlerblick
Gschneir
Mair
Tschutt
PLATSASS
R. Puni
SCHLUDERNSER MARCH
Etsch
Sonnenstraße
MÖSER
Spondinig
Spondigna
Fischweiher
Fischerstube
TABACCO

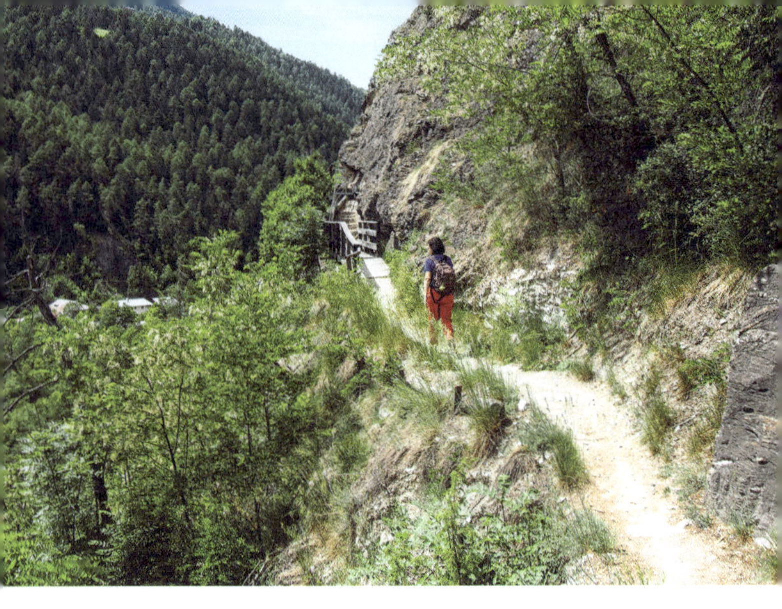

8 Der Frauwaal von Prad nach Lichtenberg

Im oberen Vinschgau, am Ausgang des Suldentales, liegt auf der rechten Talseite das stattliche Dorf Prad. Gegenüber, am anderen Ufer des stürmischen, im Sommer von den Schmelzwassern der Ortlergletscher milchig gefärbten Suldenbaches lehnt sich die Ortschaft Agums an den Berghang, wenig nördlich davon zeugt die mächtige weiße Burgruine von Lichtenberg vom einstigen Herrschaftsanspruch der Tiroler Grafen über diesen Landstrich. Der Frauwaal, vom Suldenbach gespeist, querte die teils felsigen, von Hecken, Lärchen und Föhrenwald bestandenen trockenen Hänge vom Talausgang bis zu den Wiesen bei Lichtenberg und diente über 500 Jahre lang der Bewässerung der Wiesen und Felder. Der Waal führt zwar schon lange kein Wasser mehr, aber der einstige Begleitweg schlängelt sich als schöner, aussichtsreicher Wanderweg durch abwechslungsreiches Gelände und lässt sich mit einem tiefer gelegenen und wenig befahrenen, asphaltierten Güterweg zu einem interessanten Rundweg verbinden.

Ausgangspunkt für unsere Wanderung ist das Nationalparkhaus „Aquaprad“ in Prad. Wir überqueren die Straße und gehen schräg gegenüber zur Brücke über den Suldenbach. Hier folgen wir den Markierungen der Stilfser-Joch-Nationalpark-Verwaltung mit dem

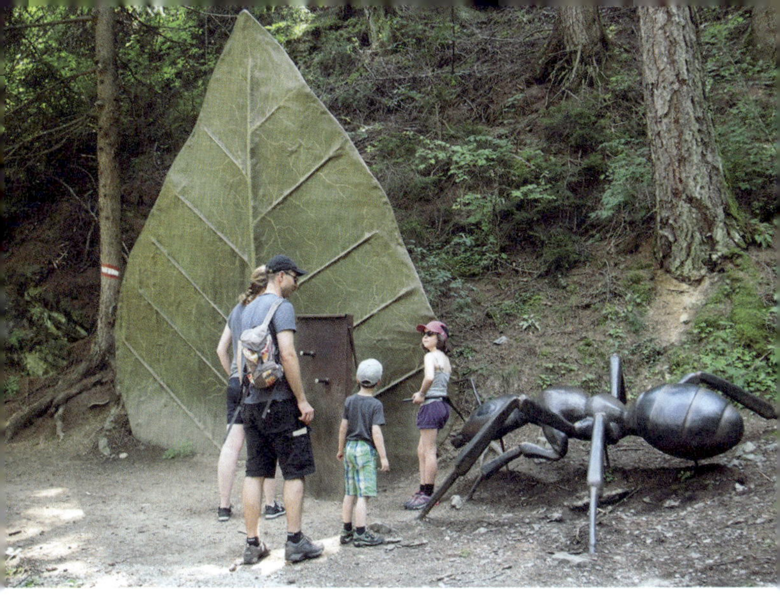

Adler-Symbol, der Uferweg bringt uns entlang des Baches durch die Felder der Gargitzer Au bis an den Bergfuß, wo wir auf einem Steig (Nr. 9) in Serpentinen 100 Höhenmeter durch Lärchen- und Robinienwald bis zur nun eben verlaufenden Trasse des alten Waalweges aufsteigen. Unter uns rauscht der Suldenbach ungezähmt durch ein breites Schotterbett, am gegenüberliegenden Ufer sind die ausrangierten Anlagen der Verhüttungsanlage „Schmelz" zu sehen. Wir machen einen kurzen Abstecher und wandern ca. 10 Minuten nach links, taleinwärts, an Felsen entlang über Brücken, Treppen und Stege und sind von der Trassenführung des Waales und der Aussicht beeindruckt. Wieder zurück, folgen wir dem mit der Nr. 9 markierten Weg ostwärts. Der gut erhaltene, trockene Kanal quert einen Forstweg und führt als Waldsteig über ein Teilstück des Waldtierpfades „Gumperle" zu den Wiesen der Pinethöfe. Am Weg treffen wir auf einen Brunnen, immer wieder bieten sich prächtige Ausblicke über den Vinschgau und die hohen Berge am Horizont. Ein weiterer

DER WALDTIERPFAD „GUMPERLE"

Der Frauwaal deckt sich für einige Wegstücke mit dem Waldtierpfad „Gumperle", auf dem an 13 Erlebnisstationen Kindern und Erwachsenen auf spielerische Weise Wissenswertes über die heimische Tierwelt vermittelt wird. Wir suchen Spuren, lauschen Stimmen, setzen ein schweres Hirschgeweih auf, kriechen durch den Dachsbau, reiten auf einer Ameise u.v.m. www.gumperle.it

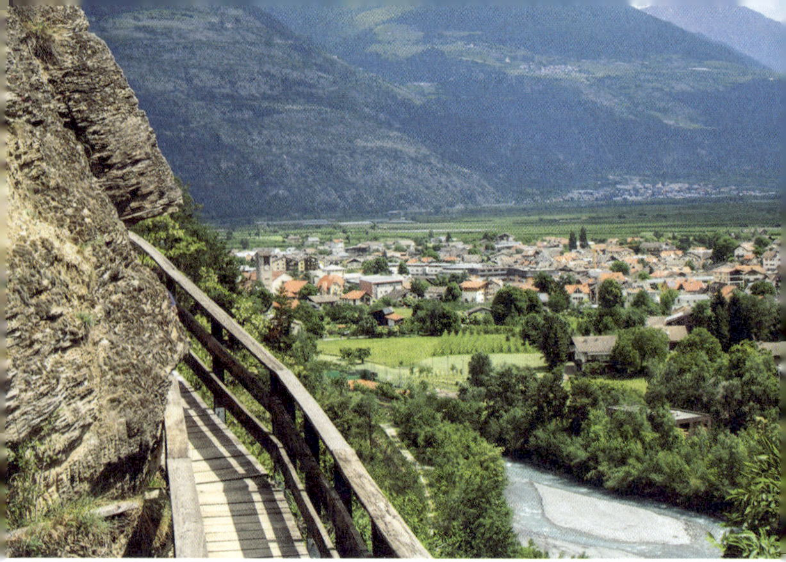

Abstecher führt uns in wenigen Minuten zur Herz-Jesu-Kapelle mit Bank auf einem kleinen Panorama-Plateau. Das Kirchlein wurde vom Generalmajor Freiherr von Lempruch, dem Kommandanten des Frontabschnittes in der Ortler-Gruppe während des Ersten Weltkrieges, entworfen. Von den modern ausgebauten Pinet-Bauernhöfen geht es auf der Zufahrtsstraße bergab, am Kirchhügel mit dem Kirchlein St. Christina vorbei nach Lichtenberg. Hier lohnt sich der kurze Umweg zur Ruine Lichtenberg, einer der größten Burganlagen

RUINE LICHTENBERG

Die mächtige Burganlage strahlt selbst als Ruine noch stolze Größe aus. Von den Tiroler Grafen im 12. Jh. zur Festigung der Herrschaftsansprüche im Vinschgau gegen die Churer Bischöfe erbaut, sank Lichtenberg in den späteren Jahrhunderten zur Bedeutungslosigkeit herab. Am Eckrondell sind noch Freskenreste eines Allianzwappens der Grafen Khuen mit dem hl. Andreas und dem Tiroler Adler zu erkennen. Die sanierte Burgruine harrt einer sinnvollen Zweckzuführung. Kunsthistorische Führung in der Burg im Sommer Mi. und Sa. (Anmeldung bis um 18 Uhr des Vortages, Tel. 0473 616019).

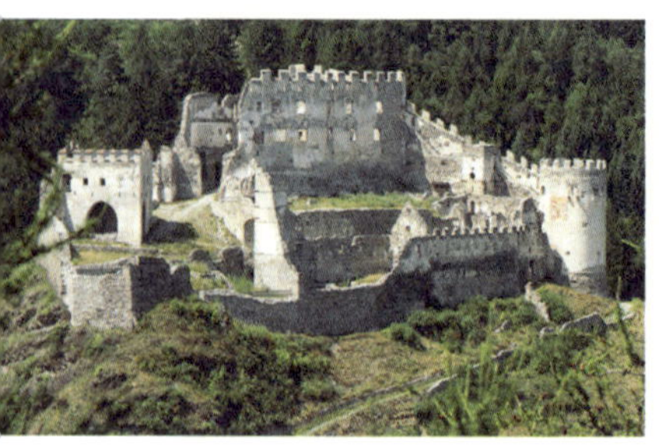

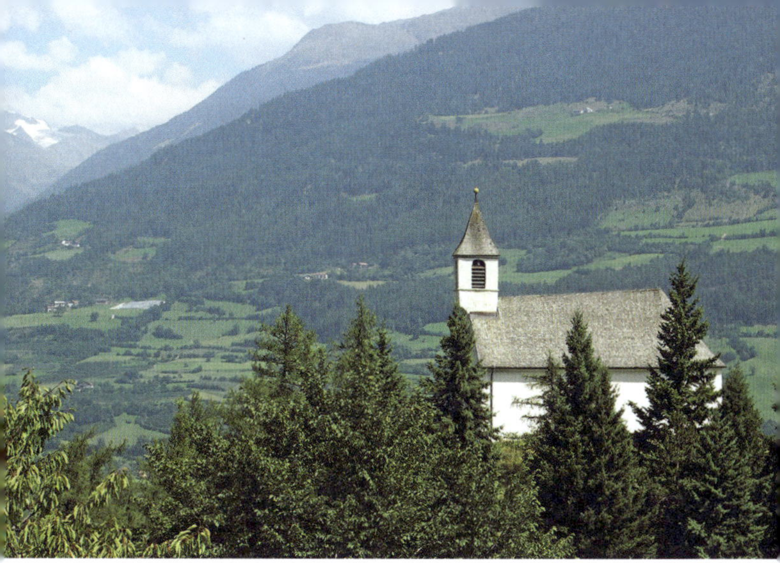

des Landes (zusätzlich 20 Minuten Gehzeit für Hin- und Rückweg). Wieder zurück, wandern wir durchs Dörfchen Lichtenberg und nehmen am Dorfausgang den Feldweg (braunes Hinweisschild für Radfahrer und Wanderer) zurück nach Prad, unserem Ausgangspunkt.

EINKEHRTIPPS

Direkt am Weg keine Einkehrmöglichkeit, aber in Prad gibt es ein großes Angebot. Hier einige Tipps:
Café am Platzl: Im Ort. Café, Konditorei und Eisdiele. Silberstraße 26, Prad, Tel. 0473 616027, Do. Ruhetag.
Eurobar Dario: Viel Platz im Freien, Kuchen, Snacks. Kreuzweg 2/H, Prad, Tel. 0473 618293, www.facebook.com/eurobarprad/, So. Ruhetag.
Pizza Point: Am Beginn des Weges, im Gebäude des alten E-Werkes. Pizza auch mittags. Kreuzweg, 5b, Prad, Tel. 0473 616880, www.pizza-point.it, So. und Mo. Ruhetag.

DAS KIRCHLEIN ST. CHRISTINA

Auf einem, den Pinethöfen vorgelagerten, nachweislich bereits in der Bronzezeit besiedelten Wiesenhügel, liegt an unserem Weg überaus aussichtsreich die Höhenkirche St. Christina. Im Auftrag der adeligen Herren Khuen, Burgherren auf Lichtenberg, erbaut und mit Secco-Malereien versehen, wurde sie 1575 von Johann Jakob Khuen, Kardinal und Fürstbischof von Salzburg, eingeweiht. Eine Öffnung in der Kirchentür erlaubt einen Blick ins reich dekorierte Innere.

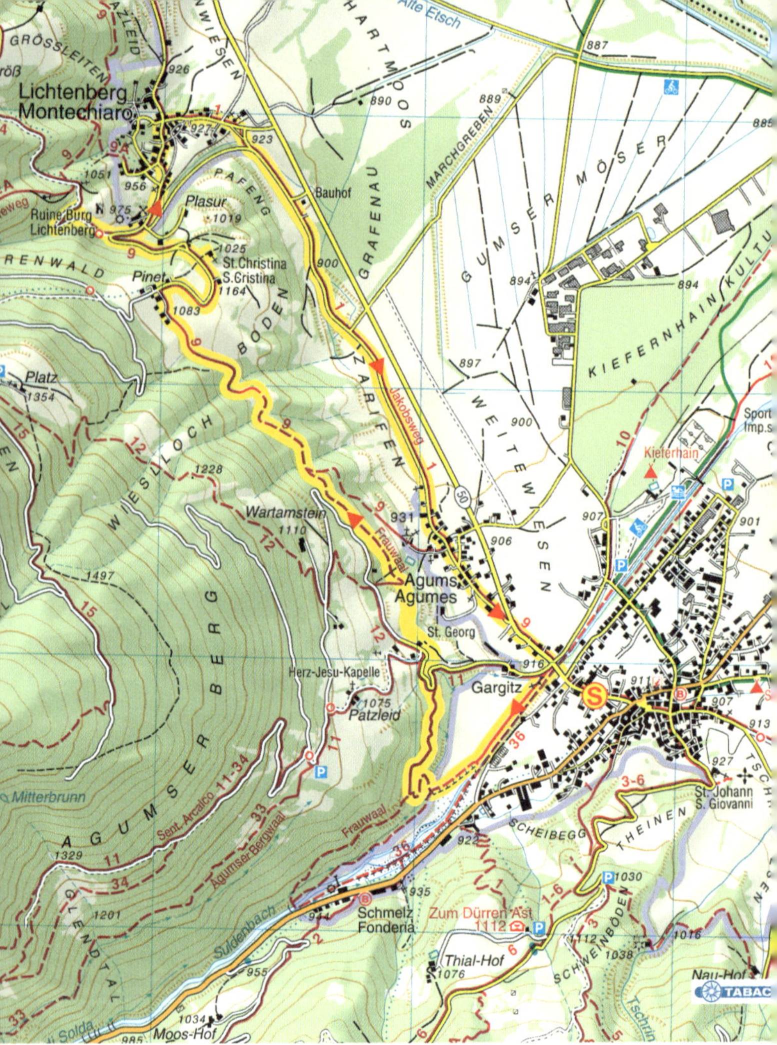

INFOS IN KÜRZE

Landschaftlich und kulturgeschichtlich sehr lohnende Rundwanderung, auch für Kinder unterhaltsam.

Prad, Brücke am Suldenbach, 923 m

Einfach, kurzer Anstieg vom Suldenbach zur Waaltrasse. Für Kinderwagen nicht geeignet.

3 h

230 Höhenmeter

9,5 km

Auf der Vinschgauer Straße bei Spondinig nach Prad abbiegen, dort Parkplatz hinter dem Nationalparkhaus.

Bus 271 Spondinig–Prad oder 272 Mals–Prad.

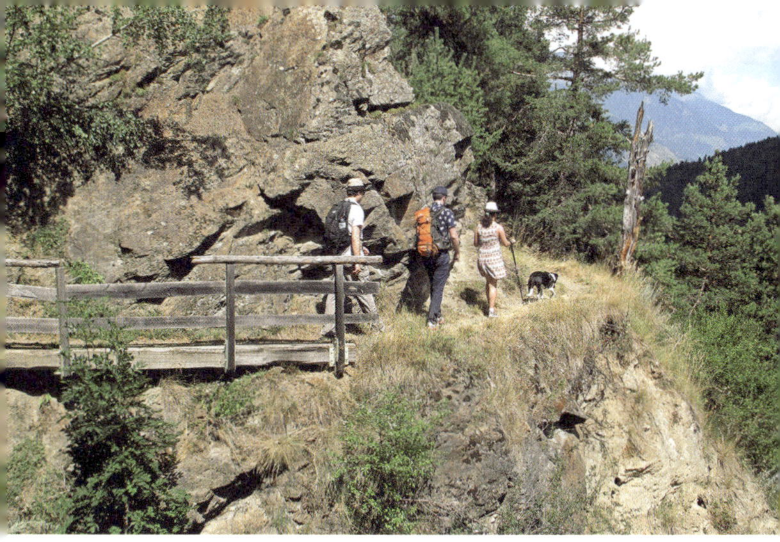

9 Auf dem Bergwaal von Stilfs nach Agums

Durch die steilen Sonnenhänge hinter Prad führte über Jahrhunderte ein Waal und brachte das Wasser des Suldenbaches zu den Wiesen bei Agums und Lichtenberg. Gleichzeitig ging dort ein Saumpfad vorbei, der vom Vinschgau über Stilfs und das dahinter liegende Joch in die Lombardei führte. Auf den Spuren dieser Wege führt uns unsere Rundwanderung von Agums bei Prad nach Stilfs und auf der Trasse eines Waalweges wieder zurück.

Ausgangspunkt ist der Parkplatz oberhalb des Patzleidhofes, hier beginnt unsere Wanderung. Wer mit öffentlichen Verkehrsmitteln anreist, startet bei der Suldenbrücke in Prad und geht auf einem Fußweg in 50 Minuten zum Patzleidhof. Die Schilder „Stilfs" und „Archaikweg" weisen uns den Weg auf der breiten, leicht ansteigenden Straße. Hier begleiten uns trockene Weiden mit karger, typischer Sonnenbergvegetation und Wald aus schütteren Föhren und Lärchen. Nach 45 Minuten Gehzeit verlassen wir an einer Weggabelung den breiten Weg und folgen den Schildern „Archaikweg" auf einem schmalen Steig, der anfänglich leicht abwärts geht, dann aber wieder an Höhe gewinnt. Dabei queren wir steiles, teils felsiges Gelände und ein freigelegtes Stück des alten, mit Steinplatten gepflasterten Karrenweges. Im Tal rauscht der Suldenbach, immer wieder eröffnen sich Ausblicke zum Haufendorf Stilfs und dem schnee- und eisgepanzerten Ortler. Unsere Wanderung führt am

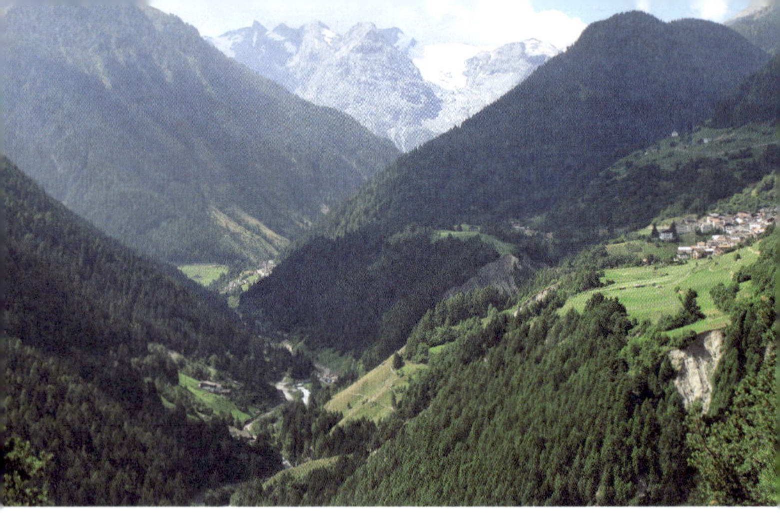

geheimnisvollen Kaschlinbühel, einem Siedlungsplatz kupferzeitlicher Jäger, Sammler und Erzschürfer, vorbei (vom Parkplatz bis hier 1 Stunde 30 Minuten). Nun ist es nicht mehr weit ins Dorf Stilfs, wo wir uns im Gasthof zur Sonne stärken. Für den Rückweg schlagen wir die steile Route durchs Dorf bergab zur Stilfser Brücke ein, gehen am Weiberbödele, einem frühgeschichtlichen Brandopferplatz, vorbei und folgen, fast im Grund beim Suldenbach angelangt, dem Wegweiser „Bergwaal" talauswärts. Der Waal ist lange schon verrohrt und führt kein offenes Wasser, aber die Trasse ist landschaftlich sehr reizvoll, wenig begangen, ja, fast einsam. Der Steig schlängelt sich abwechslungsreich durch Wiesen und Wald den Berghang entlang, manchmal auf und ab oder auf Brücken oder Stegen mit sicherem Geländer kleine Bächlein und Felshänge querend zum Parkplatz zurück.

DER ARCHAIKWEG

Einst verband ein Saumpfad über das Stilfser Joch, der „Wormisionssteig", den Vinschgau mit Bormio bzw. Worms, wie es im alten deutschen Sprachgebrauch genannt wurde, in der Valtellina (Veltlin) in der Lombardei. Bis zur Eröffnung der Stilfser-Joch-Straße im Jahr 1825 war der Weg vor allem für den Warentransport zu Fuß und mit Saumpferden von Bedeutung. Teile dieses Weges wurden instand gesetzt und als Archaikweg ausgeschildert. Die Spuren menschlicher Besiedlung am Weg reichen bis in die Bronzezeit zurück. Archaisch bedeutet urtümlich: Die Bedeutung dieses Saumpfades im Laufe der Jahrtausende können wir mit Hilfe der Hinweistafeln am Weg erfassen.

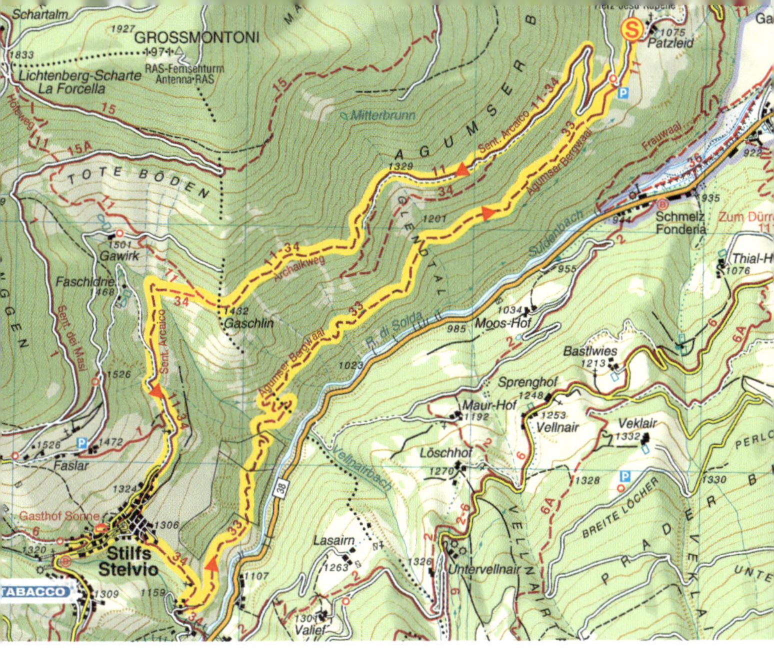

EINKEHRTIPP

Gasthof zur Sonne: Das kleine Berghotel im Zentrum von Stilfs bietet nicht nur eine tolle Aussicht von der Terrasse, sondern auch eine Speisekarte mit guter Auswahl aus Küche und Keller. Dorf 29, Stilfs, Tel. 0473 538003, www.stilfs.it, Küche tgl. 11.30–14 Uhr.

INFOS IN KÜRZE

Landschaftlich und kulturgeschichtlich sehr interessante Rundwanderung, auch für Kinder unterhaltsam.

Agums, Parkplatz nahe Patzleidhof, 1.100 m

mittlere Schwierigkeit, kurze An- und Abstiege

3 h 45 min

400 Höhenmeter

9,1 km

Auf der Vinschgauer Straße bei Spondinig nach Prad abbiegen, im Zentrum von Prad in Richtung Agums abzweigen, hinter der Brücke über den Suldenbach (hier bereits Wegweiser Archaikweg bzw. Stilfs, Nr. 11), sofort links über eine asphaltierte Straße für 3 km in die Höhe, kleiner Parkplatz vor einer Schranke oberhalb des Patzleidhofes. Wer mit öffentlichen Verkehrsmitteln anreist, startet in Prad bei der Suldenbrücke. Ab hier bis zum Patzleidhof zusätzlich 40 Minuten Gehzeit und 160 Höhenmeter.

Bus 271 Spondinig–Prad oder 272 Mals–Prad.

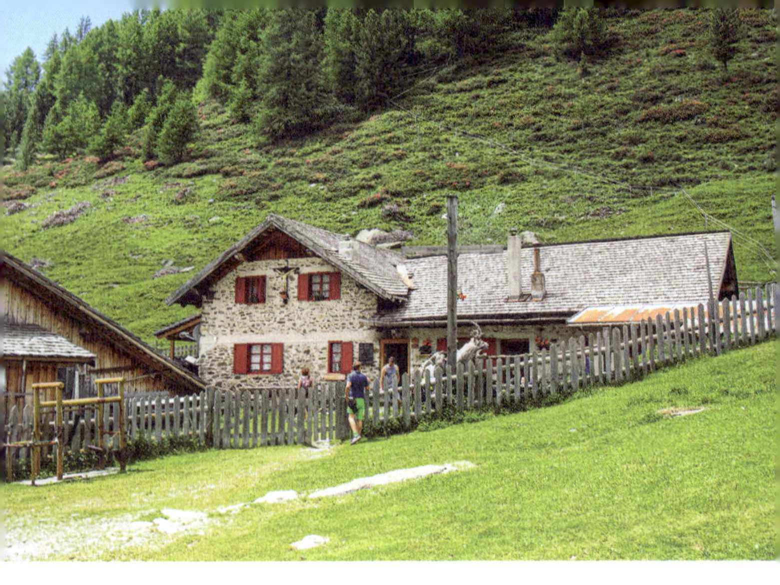

10 Der Forra- und der Neuwaal bei Kortsch

Bei Schlanders rauscht der Schlandraunbach aus dem gleichnamigen engen Tal der Etsch zu, sein Wasser wird von den Dreitausendern der Saldurgruppe, Ausläufer der Ötztaler Alpen, gespeist. Gleich vier Waale zweigen von seinem Oberlauf ab und führen zu den steilen Wiesen und den Höfen bei Talatsch am Sonnenberg, einigen der höchstgelegenen Vinschgauer Bauernhöfen in extremen Steillagen. Wir verbinden zwei dieser Waalwege mit dem breiten Talweg im Schlandrauntal zu einem langen und sehr erlebnisreichen Rundweg.

Von der Talsohle nahe Kortsch müssen wir auf einer kurvenreichen Straße mit dem Auto etliche Höhenmeter erklimmen, um zum Einstieg der Wanderung zu kommen. Bereits die Anfahrt auf der überaus aussichtsreichen Bergstraße ist ein Erlebnis! Wir starten bei der längst verwaisten kleinen Bergschule beim Außereggenhof, einem der Höfe des Streuweilers Talatsch, der Wegweiser „Neuwaal" leitet uns. Nach wenigen Minuten bergab gelangen wir zur Waaltrasse, sie quert steile Wiesen. Das Waal-Wasser läuft in unterirdischen Rohren, bald tritt der Weg in den Wald ein, nun fließt im Waal ein spärliches Wässerchen. Es werden Wald und teils felsige Hänge gequert, die Wegführung ist einmalig schön und spektakulär, es geht weiter mit kaum merkbarer Steigung bis in den Talgrund. Hier folgen wir der Talstraße, die den schäumenden Schlandraunbauch

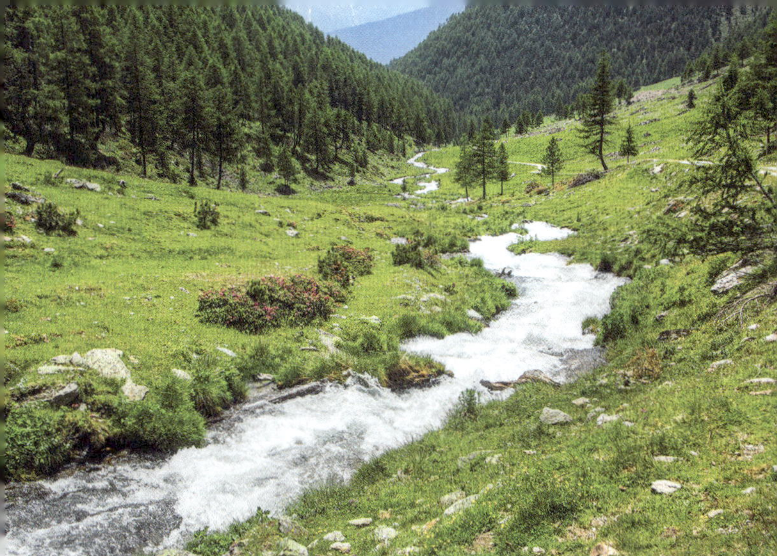

begleitet, an flacheren Stellen bildet der Bach Mäander und auch einen kleinen See. Nach gut 1½ Stunden liegt zur Linken oberhalb des Weges die Schlanderser Alm, wir widerstehen der Versuchung und gehen weiter. Bald wird der Weg flacher und verläuft am Rande einer kleinen Ebene, hier lag einst ein nun verlandeter See. Noch eine letzte Kurve, und wir stehen vor der großen Kortscher Alm. Die Küche ist kalt, es gibt Jausenbrettchen mit gutem Käse, Kaminwurzen, Speck und Butter. Für den Rückweg schlagen wir den Begleitsteig des Forrawaales ein, er beginnt hinter der Schlanderser Alm, der Einstieg ist nicht beschildert, aber die Wasserfassung ist bestens sichtbar und der Begleitsteig gut ausgeprägt. Der Forrawaal, nach dem Forrahof an seinem Ende benannt, verläuft parallel rund 80 Meter höher als der Neuwaal, auf dem wir ins Tal gewandert sind. Auch er führt leider nur wenig Wasser. Nach einer guten Stunde Gehzeit ab Waalfassung stoßen der Waal und sein Begleitsteig auf einen Forstweg. Hier verlassen wir den Waalsteig und folgen diesem Güterweg links bergab, er führt uns direkt zum Parkplatz beim Außereggenhof.

EINKEHRTIPPS

Kortscher Alm: Urige, große Almwirtschaft, guter Almkäse, kleine kalte Gerichte, Kaffee und Kuchen, Getränke.
Schlanderser Alm: Gemütliche Alm mit Käserei, am Sonntag manchmal Grillgerichte. Jausen, Kuchen, Getränke.
Auf beiden Almen gibt es, so wie im gesamten Schlandrauntal, keinen Telefonempfang.

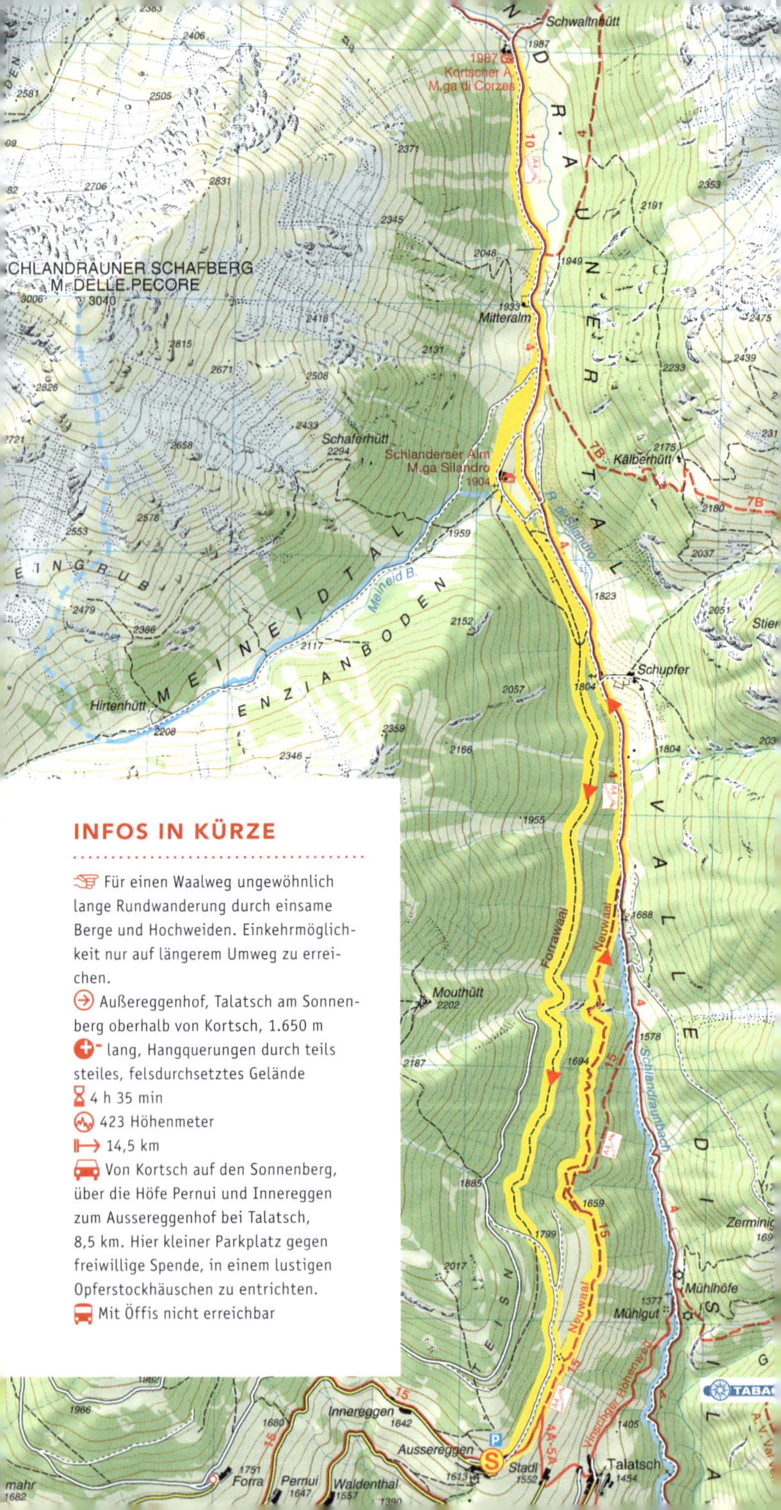

INFOS IN KÜRZE

Für einen Waalweg ungewöhnlich lange Rundwanderung durch einsame Berge und Hochweiden. Einkehrmöglichkeit nur auf längerem Umweg zu erreichen.

Außereggenhof, Talatsch am Sonnenberg oberhalb von Kortsch, 1.650 m

lang, Hangquerungen durch teils steiles, felsdurchsetztes Gelände

4 h 35 min

423 Höhenmeter

14,5 km

Von Kortsch auf den Sonnenberg, über die Höfe Pernui und Innereggen zum Aussereggenhof bei Talatsch, 8,5 km. Hier kleiner Parkplatz gegen freiwillige Spende, in einem lustigen Opferstockhäuschen zu entrichten.

Mit Öffis nicht erreichbar

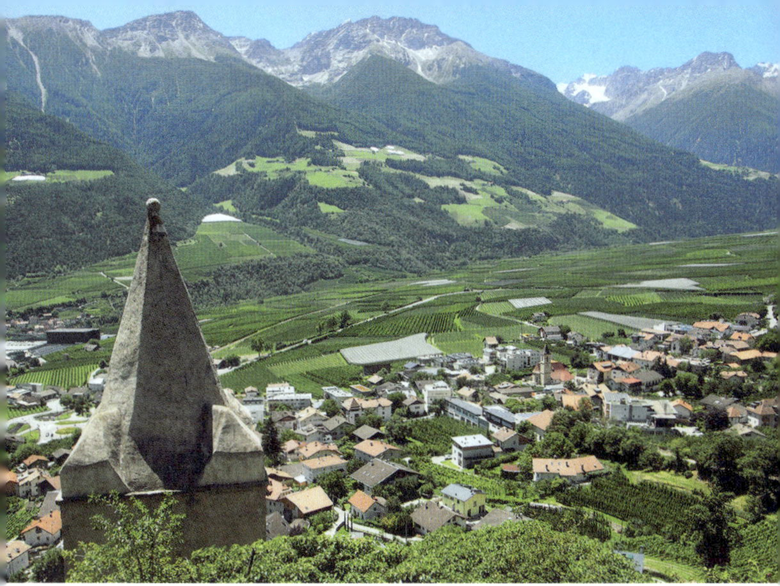

11 Der Zaalwaal bei Kortsch

Hinter Schlanders steigen die Berge steil und felsig in die Höhe, auf den schmalen, von Trockenmauern gestützten Terrassen gedeihen die letzten Weinreben des Vinschgaus. In der sonnigen, windgeschützten Talbucht schließt gegen Nordwesten das Dorf Kortsch an, bevor sich der riesige Schwemmkegel des Gadriabaches ausbreitet, das Tal eine Geländestufe ansteigt und bei Laas wieder ebener wird. Aus den Bergen hinter Schlanders stürzt der Schlandraunbach durch das gleichnamige enge Tal und bringt im Sommer das Gletscherwasser der Ötztaler Dreitausender. Aus diesem Bach wird das Wasser in großer Höhe abgeleitet, es fließt durch einen Graben und speist den Zaalwaal oberhalb von Kortsch. Die Waalwanderung kann mit einem Dorfspaziergang durch das schöne, alte Kortsch und einem Abstecher zur fantastisch gelegenen Höhenkirche von St. Ägidius verbunden werden – so ergibt sich ein abwechslungsreicher Rundweg.

Am Dorfplatz von Kortsch biegen wir von der Dorfstraße gegen den Berg hin in die Sonnenbergstraße ab, die Markierung „St. Ägidius" (Nr. 5A) weist uns den Weg. Wir wandern auf der Asphaltstraße bergauf, verlassen sie aber bereits nach wenigen Minuten. Am Kindergarten gehen wir rechts vorbei und weiter auf einem Steig durch Wiesen zu einem Kastanienhain, der Weg ist als Rosenkranz-Besinnungsweg ausgeschildert. Etliche moderne Bildstöcke begleiten uns bis zum Ägidiuskirchlein, das vom Felsvorsprung heruntergrüßt, in

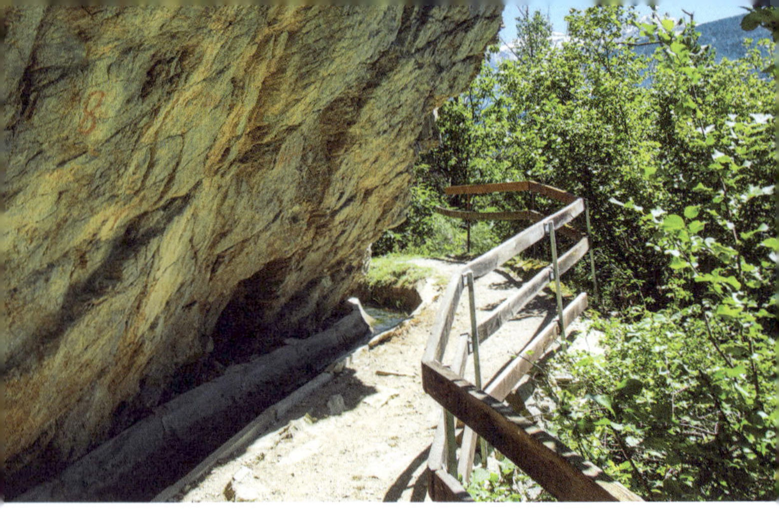

10 Minuten sind wir bei dem prächtigen Aussichtspunkt angelangt und freuen uns über das schöne Panorama. Nun kehren wir kurz zum Kastanienhain zurück und nehmen den Steig 6A, er überquert die Sonnenbergstraße und geht dann steil zwischen Buschwald und Apfelanlagen bergauf bis zur Trasse des Zaalwaales (ab Startpunkt in der Sonnenbergstraße 30 Minuten, 130 Höhenmeter). Wir folgen dem Waal in Fließrichtung des Wassers gegen Westen, der Steig quert den felsigen Sonnenhang, dem die Bauern durch den Bau von Trockenmauern schmale Terrassen abgewonnen haben. Einst wurden Korn und Weinreben angebaut, heute gedeihen hier meist Apfelbäu-

ST. ÄGIDIUS AUF DEM „SCHATZKNOTT"

Das idyllisch oberhalb von Kortsch auf 860 m gelegene Kirchlein fällt durch den weißen Bau und den gemauerten, ebenfalls weiß gekalkten Turm auf. Ursprünglich dem hl. Vigilius geweiht, stammt es aus dem 13. Jh. An der Außenfassade befindet sich ein riesiges Fresko mit dem hl. Christophorus, auch das Innere, leider nicht zugänglich, zeigt Freskenschmuck, die ältesten Wandmalereien stammen aus dem Jahr 1280. Informationen über Führungen unter Tel. 0473 737050 (Tourismusbüro) oder Tel. 0473 730155 (Pfarrei Schlanders).
Die Kortscher nennen den Felsen, der sich hinter dem Kirchlein erhebt und nach drei Seiten steil abfällt, den „Schatzknott". Einst stand hier eine Burg, von der noch kümmerliche Mauerreste zu sehen sind. Am ersten Fastensonntag wird an diesem Platz der alte Brauch des „Scheibenschlagens" praktiziert: Dabei werden in der Dämmerung kleine glühende Holzscheiben mit Ruten ins dunkle Tal geschleudert, begleitet von allerlei Sprüchen.

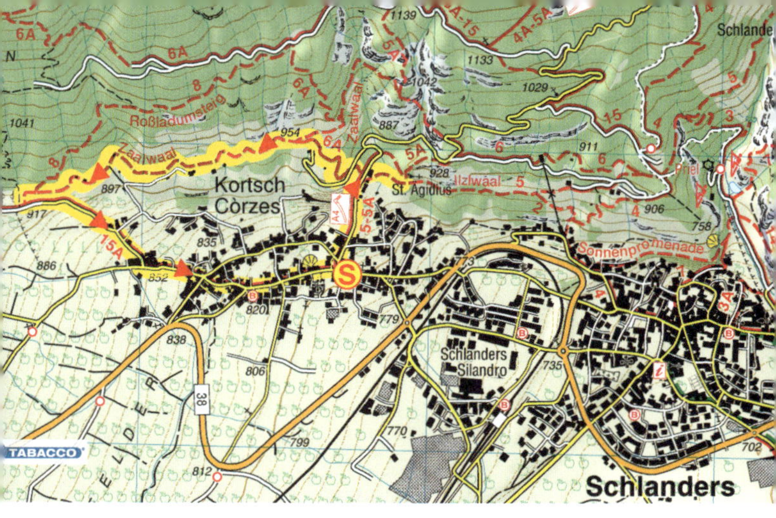

me. Unterwegs kommen wir an zwei verlassenen Mühlen vorbei, auch das Wasserrad einer Waalschelle dreht sich gemächlich. Am Waal entlang hat sich ein dichter Vegetationsstreifen mit Schatten spendenden Birken, Kastanien und Pappeln entwickelt, er begleitet uns bis zum Sportplatz, wo das Wasser in Rohren verschwindet. Wir biegen links ab, der Weg nach Kortsch ist als „Jakobsweg" (Nr. 15A) markiert. Bald tauchen die ersten Häuser auf, alte Bauernhöfe, zum Teil schön renoviert, manche mit interessanten architektonischen Details, säumen die Gassen.

EINKEHRTIPP

Gasthof Hotel Sonne: Das Dorfgasthaus hat sich zu einem familiären Hotel gemausert, gemütliche Stube, heller Speisesaal, kleiner Gastgarten. Schmiedgasse 12, Kortsch, Tel. 0473 730100, www.gasthof-sonne.info, Di. Ruhetag.

INFOS IN KÜRZE

Diese Route verbindet eine Waalwanderung durch typische Vinschgauer Sonnenberglandschaft mit einem Dorfspaziergang und einem Abstecher zu einer mystischen Höhenkirche; sehr abwechslungsreich, nicht zu lang.

Kortsch, 811 m

mittel, leichter Anstieg

1 h 30 min

180 Höhenmeter

3,6 km

Von der Vinschgauer Staatsstraße nach dem Autohaus Pedross am Kreisverkehr rechts nach Kortsch, bald nach dem Dorfeingang Parkplatz bei der Kirche.

Citybus 263.1 Schlanders–Kortsch

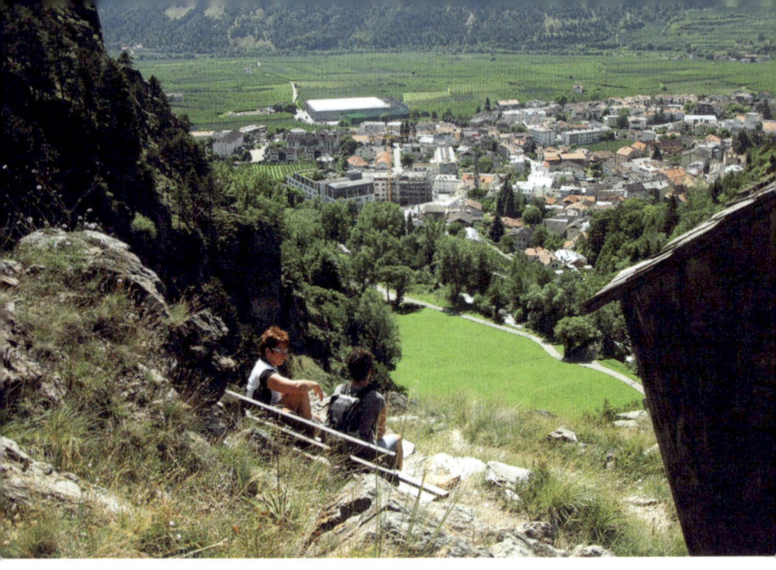

12 Der Ilzlwaal bei Schlanders

Schlanders, der geschäftige Hauptort des Vinschgaus, duckt sich an den steilen Sonnenberg, wo auf schmalen Terrassen Obstbäume und Weinreben gedeihen. Im Osten fließt der Schlandraunbach aus dem gleichnamigen Tal, das sich in Dorfnähe zu einer felsigen Schlucht verengt, hoch oben, von einem Felsvorsprung, schaut die Burg Schlandersberg übers Land. Dieses besondere Stück Landschaft erkunden wir auf einer Wanderung, bei der sich ein Waalweg, ein steiler Bergsteig, Dorfgassen und eine Promenade zu einem Rundweg verbinden.

Wir starten in der Sportzone von Schlanders und gehen durch den kleinen Park mit Teich und einer Wassertretanlage den Bach entlang auf den Berg zu. Ein starker, gemauerter Damm aus Natursteinen schützt das Dorf vor dem Schlandraunbach, der bei Unwettern gefährlich anschwellen kann. Wir überqueren den Bach, gehen auf seiner Ostseite kurz auf Asphalt durch Wiesen zum Beginn eines Steiges (Markierung Nr. 7, „Schlandersberg"), der sich anfangs an einem kleinen Bächlein entlang durch Buschwerk in Serpentinen, dann immer steiler werdend die felsdurchsetzten Trockenhänge des Schlossberges emporwindet. Nach einer guten halben Stunde auf dem zuletzt immer holpriger werdenden Bergpfad gelangen wir zu einer Bank bei einem hölzernen Wegkreuz, gerade recht für eine kurze Verschnaufpause, während der wir uns am atemberaubenden Ausblick auf Schlanders, den Vinschgau und die gegenüberliegenden

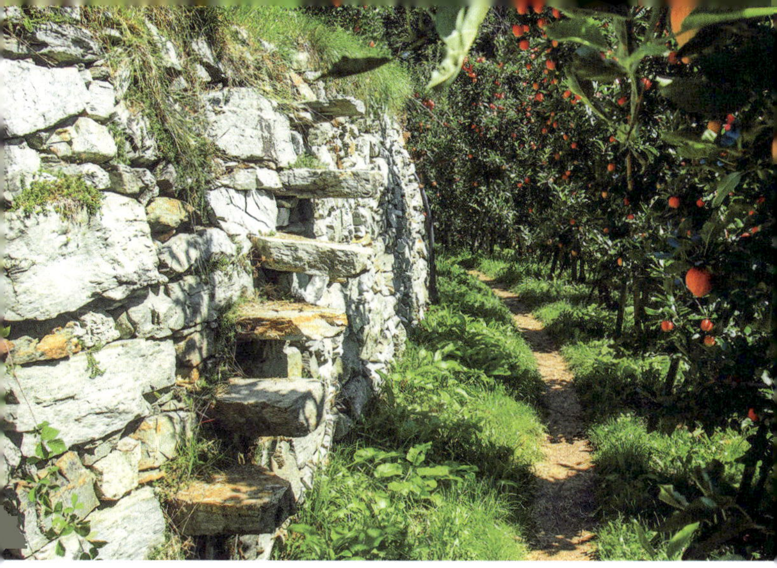

Bergriesen erfreuen. Die Zinnen von Schlandersberg scheinen nahe, aber es dauert noch eine weitere halbe Stunde, bis wir die Höhe erklommen haben und bei der Burg angelangt sind (bis hierher 1 Stunde 20 Minuten). Um den Burghügel gruppieren sich etliche Wohn- und Bauernhäuser, wir gehen an der Burg und den Häusern vorüber, nehmen den Steig Nr. 5, der in engen, steilen Serpentinen durch Haselbüsche und Mischwald zum Bachgrund absteigt und überqueren auf einer Holzbrücke den Schlandraunbach. Hier beginnt der Waalweg, er führt durch die felsige Flanke des Sonnenberges bis zur Ägidiuskirche, Büsche, Föhrenwald und auf dem letzten Teil Obstbäume und Trockenmauern begleiten ihn, immer wieder ergeben sich schöne Panoramablicke auf Schlanders und übers Tal. Von St. Ägidius steigen wir nach Kortsch ab, gehen durch die Herrengasse zur Vinschgauer Staatsstraße, folgen ihr etwa 100 Meter am Gehsteig (Hinweisschild „Fußweg Schlanders") und gehen in die

SCHLOSS SCHLANDERSBERG

Die Burg wurde bereits im 12. Jh. von den Schlandersbergern, die im Laufe der Zeit von Rittern zu Grafen aufstiegen, erbaut. Ihr Wappen, drei silberne, vom linken Rand abstehende Querspitzen im blauen Feld, findet sich als Zeichen ihres Einflusses auf vielen Gebäuden im Vinschgau wieder, so auch über dem Schlanderser Rathausportal, auch das Gemeindewappen geht darauf zurück. Die Burg kam in bäuerlichen Besitz, bis sie Unternehmer kauften und 1999 für Wohnzwecke umbauen ließen.

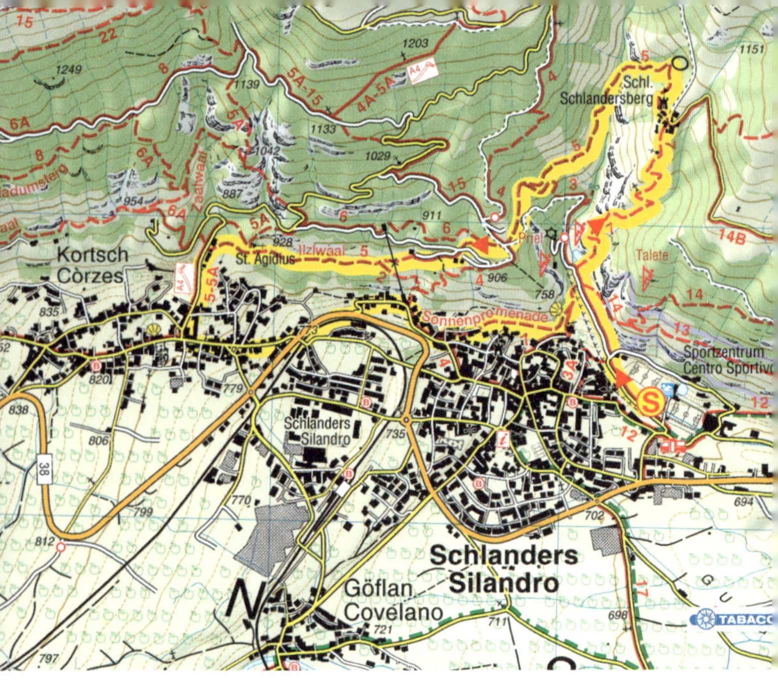

Tanleggstraße, einen Fußweg, der uns an Wohnhäusern entlang zum Realgymnasium bringt. Hier folgen wir dem Wegweiser „Sonnenpromenade“ bei einem Wegkreuz, er bringt uns zu einem breiten, ebenen, herrlichen Spazierweg, der am Köstenwaal entlang in östlicher Richtung, über den Dächern von Schlanders, von Kastanienbäumen und steilen Apfelwiesen gesäumt zum Schlandraunbach und auf dessen Dammkrone zum Parkplatz zurückführt.

EINKEHRTIPPS

Einkehrmöglichkeiten gibt es in Schlanders, von der Sonnenpromenade ist der Abstieg ins Dorfzentrum in wenigen Minuten möglich.

INFOS IN KÜRZE

abwechslungs- und aussichtsreich, anspruchsvolle Teilstücke

Schlanders, Sportzone, 700 m

schwierig, steiler Anstieg

2 h 40 min

360 Höhenmeter

7,2 km

Auf der Vinschgauer Staatsstraße bis Schlanders, an der Dorfeinfahrt scharf rechts ab zum gebührenpflichtigen Parkplatz beim Schwimmbad in der Sportzone.

Bus bis Schlanders, Tinzlstraße

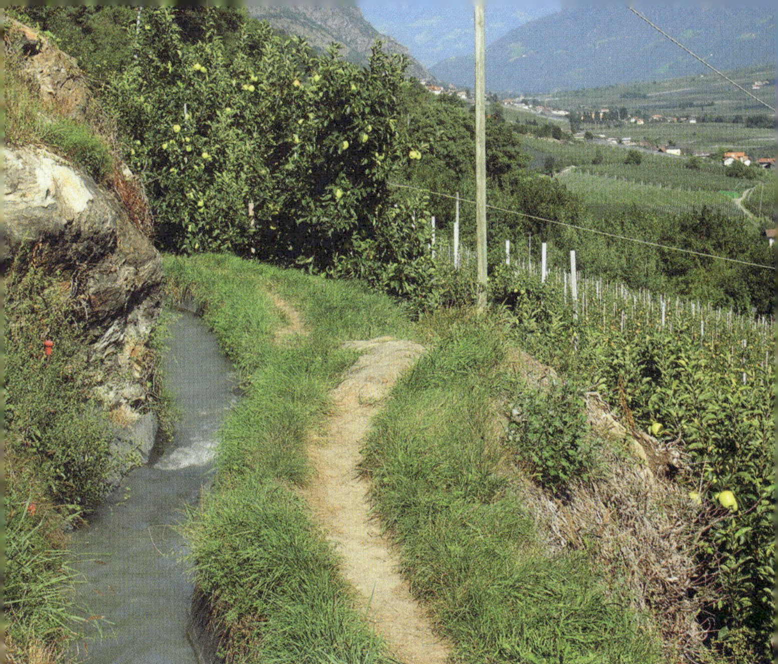

13 Der Latschanderwaalweg

Der Latschanderwaalweg ist einer der beliebtesten Vinschgauer Waalwege – und das aus gutem Grund: Er ist bequem erreichbar, sein Einstieg leicht zu finden, und mit seinen 8 Kilometern ist er einer der längsten im Tal; außerdem führt er meist Wasser, das er aus der Etsch bezieht. Seine Streckenführung ist vielseitig, es geht durch Mischwald, Obstanlagen und Weinberge, entlang der für den Sonnenberg typischen Trockenhänge und durch steile, teilweise senkrecht abfallende Felswände. Unterwegs eröffnen sich Traumausblicke über die abwechslungsreiche Vinschgauer Landschaft mit ihren malerischen Dörfern, trutzigen Burgen und steilen Bergen.

Unsere Wanderung beginnt am Bahnhof von Goldrain, wir überqueren die Etsch und spazieren auf den Sonnenberg zu. Wir gehen durch die Schlossstraße an Schloss Goldrain, der prächtigen Wohnresidenz der einst über den mittleren Vinschgau herrschenden Grafen Hendl, vorbei und bewegen uns, immer der Markierung Nr. 3 folgend, auf den Weiler Tiss mit der harmonischen kleinen gotischen Kirche zu. Die Trasse des Waales verläuft hier unterirdisch in Rohren, das Wasser wird von der Etsch abgeleitet. Der Name des Waalhofes am Weg in Tiss erinnert uns daran, dass hier einst ein

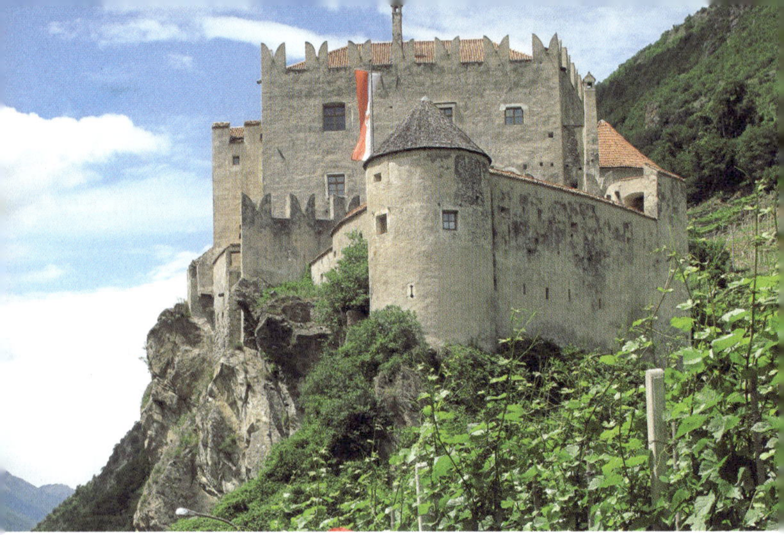

SCHLOSS GOLDRAIN UND SCHLOSS KASTELBELL

Schloss Goldrain ist eine barocke, symmetrische Burganlage mit charakteristischen runden, spitzen Ecktürmen, malerisch am Hang des Vinschger Sonnenberges gelegen. Sie befindet sich in öffentlichem Besitz und wird als Bildungseinrichtung genutzt, ein Blick in den Innenhof ist allemal erlaubt. www.schloss-goldrain.it
Von der wehrhaften, auf einem Felsen die Durchzugsstraße bewachenden zinnengekrönten Burganlage Schloss Kastelbell ging der Name auf das Dorf über. Im 13. Jh. erbaut, wurde das Schloss restauriert und öffentlich zugänglich gemacht. Wechselnde Ausstellungen, im Sommer Schlossführungen (Juli–Mitte Sept., tgl. um 10, 11, 14 und 15 Uhr. Mo. Ruhetag). Staatsstraße 5, Tel. 0473 624193, www.schloss-kastelbell.com

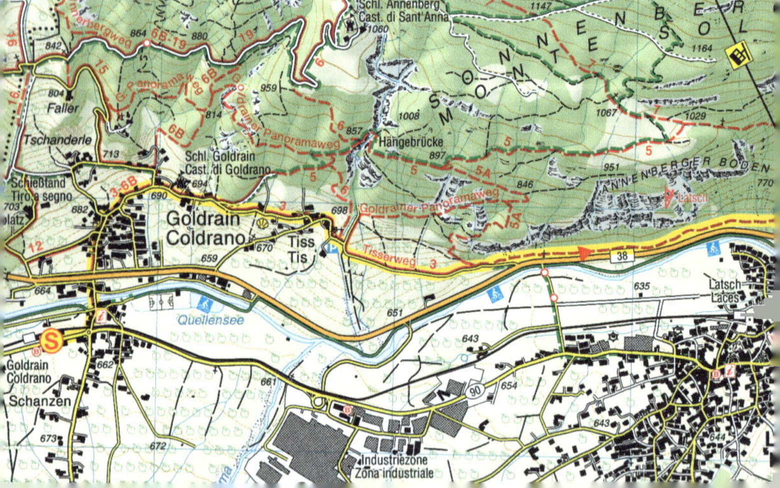

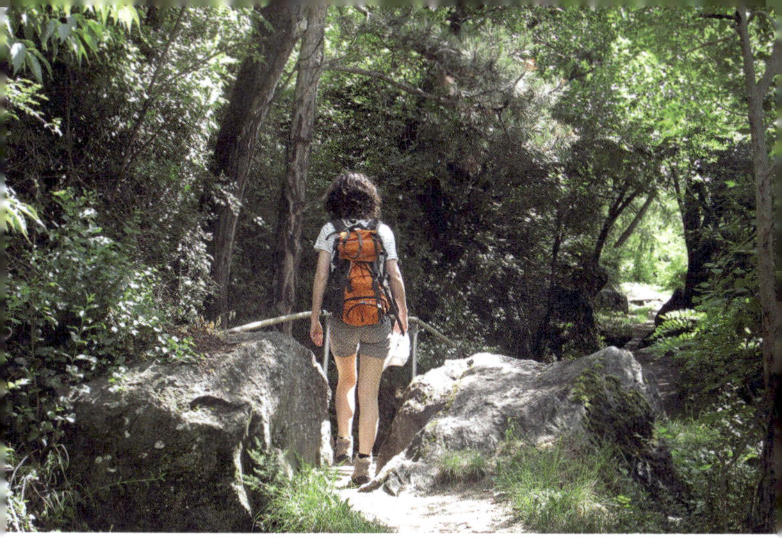

offener Wasserkanal verlief. Nach der Überquerung eines kleinen Bächleins verlassen wir das Wohngebiet und nehmen den leicht absteigenden Weg in Richtung Latsch durch Apfelanlagen und Wiesen (Wegweiser), das große Dorf liegt in Sichtweite in der Talmitte. Am Waldrand beginnt nun der wasserführende Waal, der uns bis Kastelbell begleiten wird (bis hierher 45 Minuten Gehzeit). Der schöne Steig geht parallel, etwas erhöht zur nicht sichtbaren, aber leider hörbaren, Staatsstraße in südöstlicher Richtung durch einen besonders artenreichen Laubmischwald mit Kastanienbäumen, Eschen, Pappeln, wilden Kirsch- und Nussbäumen, Birken, Robinien und Zürgelbäumen, er schlängelt sich um Felsen herum, verläuft über kleine Viadukte und Stege aus Holzbohlen, dabei sichern Geländer die wenigen exponierten Stellen. Das Tal verengt sich hier, die Etsch zwängt sich durch eine Engstelle begleitet von

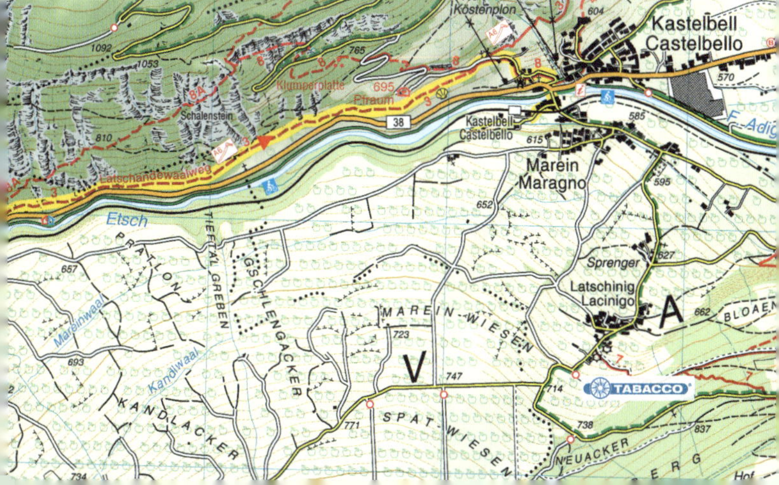

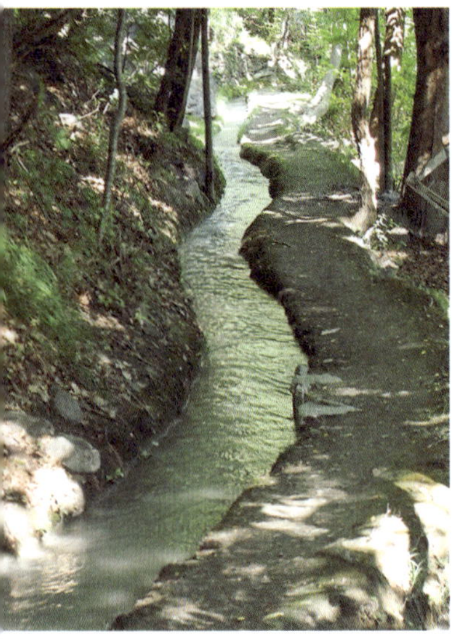

Bahn, Radweg und Straße. Diese, als Latschander bekannte Schlucht, hat dem Waal seinen Namen gegeben. Das Wasser des Waales läuft zu zwei Dritteln in einem naturbelassenen Graben und der Rest in Betonkanälen und auf kurzen Strecken in Stahlrohren. Kurz vor Kastelbell bietet sich die Gelegenheit, nach wenigen Minuten Aufstieg beim Hofschank Pfraum einzukehren und auf der Sonnenterrasse Aussicht und gute Hausmannskost zu genießen. Wir steigen vom Pfraum, den Wegweisern folgend, nach Kastelbell ab, überqueren Staatsstraße und Etsch, gehen zum Bahnhof, der sich unmittelbar neben der Brücke befindet und fahren mit der Vinschgerbahn nach Goldrain zurück.

EINKEHRTIPPS

Buschenschank Pfraum: Einfache Bauernwirtschaft in schöner Aussichtsposition, oberhalb von Schloss Kastelbell. Terrasse, getäfelte Bauernstube, kleine Speisekarte mit typischen Gerichten, Eigenbauweine. Tel. 320 7046557, Mi. Ruhetag. Im Hochsommer geschlossen.

Restaurant Kuppelrain: Am Abend Gourmet-Restaurant, wo ein Michelin-Stern glänzt, von 12–15 Uhr Bistro mit Salaten, Pasta oder kompletten Menüs zum kleinen Preis. Bahnhofstraße 16, Kastelbell, Tel. 0473 624103, www.kuppelrain.com, So. und Mo Ruhetag.

INFOS IN KÜRZE

Problemlos, auch für Kinder bestens geeignet. Die Wanderung ist wegen der Sonnenexposition das ganze Jahr über möglich, auch im Winter bei Schneefreiheit.

Goldrain, 660 m

einfach

2 h 20 min

keine nennenswerten An- und Abstiege

7,2 km, davon 4 km Waalweg

Auf der Vinschgauer Staatsstraße oder mit der Bahn bis Goldrain, Parkplatz am Bahnhof.

Mit Bus oder Bahn bis Bahnhof Goldrain

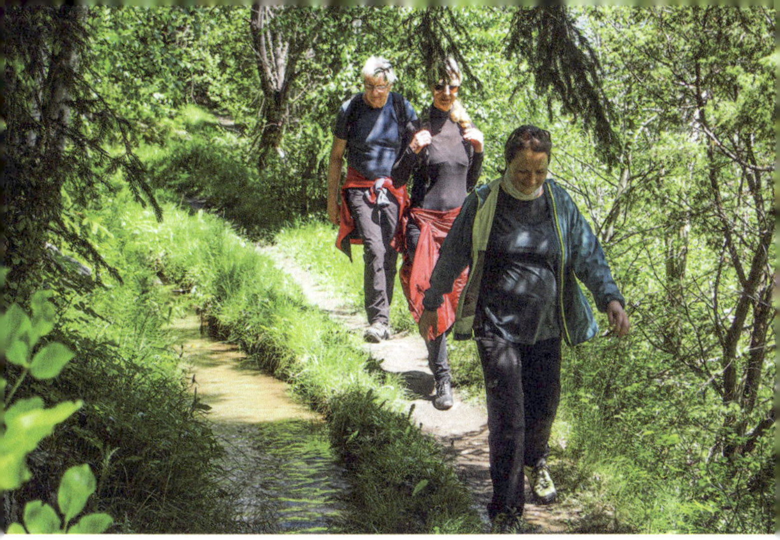

14 Der Raut-, der Marein- und der Neuwaal bei Latsch

Durch die Verbindung der Steige und Wege an Raut-, Marein- und Neuwaal ergibt sich am Eingang zum Martelltal eine einmalige Rundwanderung. Das Wasser der Plima fließt auch im Sommer stürmisch und reich von den Gletschern um Cevedale und Zufallspitze in der südlichen Ortlergruppe durch das Martelltal der Etsch zu. Am Unterlauf speist es den rechtsseitigen Neuwaal und den Mareinwaal zur Bewässerung von etwa 100 ha Feldern, einst Mähwiesen, jetzt üppige Obstanlagen. Auf der linken Seite zweigt der Rautwaal zu den Obstwiesen von Morter ab. Wir entdecken bei dieser Wanderung die waldreiche Schattenseite des Vinschgaus, den Nörderberg. Am Weg liegen zwei Burgen, Ober- und Untermontani, von letzterer sind nur mehr eindrucksvolle Ruinen erhalten. Größtenteils einsame Wege, schöne Rastplätze, unberührte Natur, traumhafte Aussicht und eine zünftige Einkehrmöglichkeit versprechen eine echte Genusswanderung.

Wir parken beim Ausflugsgasthaus Bierkeller am Waldrand und schlagen den Weg am Mareinwaal ein, der unterhalb des Hauses westwärts durch schattigen Laubwald, über die Brücke der Plima und durch Apfelgärten, die Marteller Straße querend, ins Dorf Morter führt (bis hier 20 Minuten). In Morter gehen wir am Kulturhaus vorbei, rechts in die Schwaigerstraße und zum Wetterkreuz hinauf, dabei geht die Asphaltstraße nach den letzten Häusern in einen

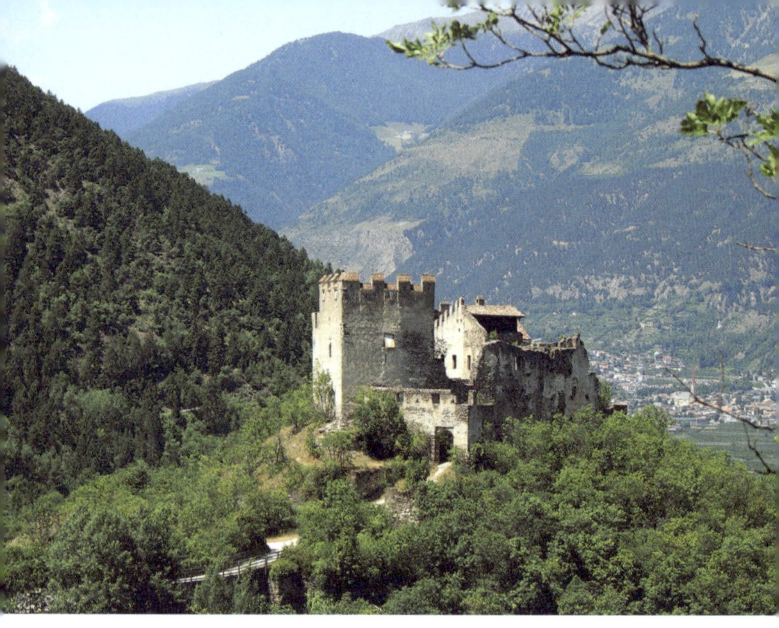

Forstweg über, von dem links ein Steig in Serpentinen bergauf zu einem Grillplatz mit Wiese, Bank, Tisch und Brunnen mit schönster Aussicht führt (Wegweiser „Waalrundweg“, „Schlanders“). Vom Grillplatz folgen wir den Markierungen der Nationalparkverwaltung (Rautwaal-Montani) kurz über einen Forstweg und dann einem Steig, der uns bald zum Einstieg in den Waalweg bringt. Der Rautwaal schlängelt sich eindrucksvoll am steilen Berghang zum Bachbett der Plima hin, wir genießen den Blick nach Morter, Latsch und über den unteren Vinschgau. Der Weg ist schmal, mit Geländern gesichert, führt teils durch schattigen Fichtenwald, dann durch Laub-Mischwald, bis er auf dem letzten Stück kurz und steil zum Bachbett abfällt und auf einer Holzbrücke die Plima überquert. Wir gehen noch über die Marteller Straße, bei der Kapelle der hl. Barbara, die an den Bau des Staudammes in Martell und der Druckstollen für das E-Werk erinnert, beginnt der Neuwaal (bis hierher 1 Stunde 20 Minuten). Dessen Bau geht auf das 13. Jh. zurück, bei Erweiterungs- und Verlängerungsarbeiten im Jahr 1564 erhielt er den Namen Neuwaal. 1975 wurde das Waalwasser in Rohre verbannt, aber der Steig und die schöne Trasse sind noch gut erhalten. Sie queren lichten Föhrenwald, Felshänge, Schutthalden und Bachgräben, bieten schönste Blicke auf die nahe Burg Obermontani, auf Schloss Annaberg am Gegenhang oberhalb von Goldrain und den Obervinschgau. An einer etwas überhängenden Felswand, unter der sie Schutz fanden, haben sich die Waalarbeiter, die für Wartung und Wasserverteilung zuständig waren, mit eingeritzten Zahlen, Namen und Figuren verewigt, eine interessante Sehenswürdigkeit. Bei

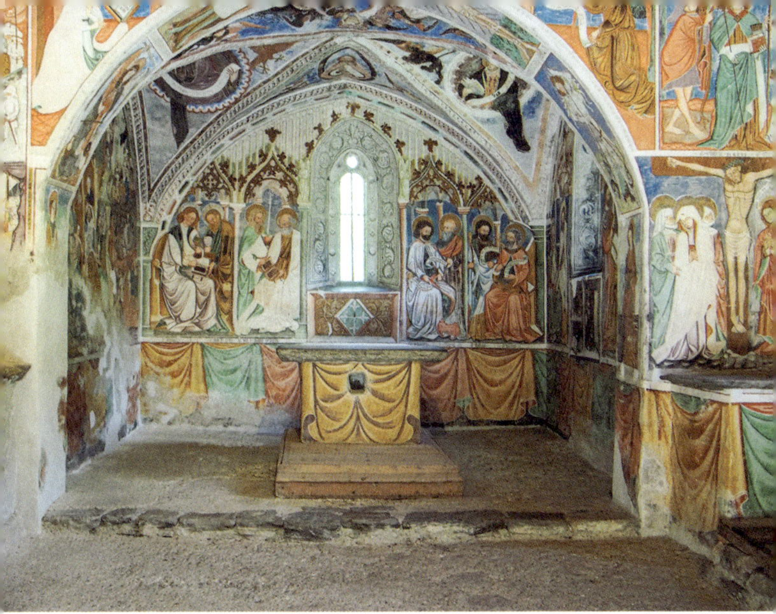

einer Abzweigung folgen wir der Markierung Nr. 4, sie bringt uns zum Eisstadion, dessen rotes Dach bereits durch den Wald zu erkennen ist (von der Marteller Straße bis hierher 1 Stunde). Unmittelbar daneben liegt das Hotel-Restaurant Latscherhof, eine Einkehrmöglichkeit. Der weitere Weg geht auf dem asphaltierten, kaum befahrenen Feldweg durch Apfelanlagen zum Parkplatz beim Gastlokal Bierkeller zurück (ab Eisstadion 20 Minuten). Rechts begleitet uns der Unterlauf des Mareinwaals oder das, was davon übrig blieb – ein zwischen Betonwände gezwängtes Rinnsal.
Noch ein Kuriosum zur Burg Obermontani: Im Jahr 1834 entdeckte der Schriftsteller und Theologe Beda Weber dort eine Abschrift des Nibelungenliedes aus dem Jahr 1323, die sich heute im Staatsarchiv Berlin-Dahlem befindet und Teil der „Stiftung preußischer Kulturbesitz" ist.

OBERMONTANI

Kunstsinnige sollten den kurzen Abstecher zur Burg Obermontani mit der Burgkapelle St. Stephan einplanen – ein absolutes Muss! Das von außen bescheidene Kirchlein ist innen mit herrlichen spätgotischen Fresken geschmückt, denen es seinen Beinamen „Sixtinische Kapelle Südtirols" zu verdanken hat. Führungen Fr. und Sa. 14.30–17.30 Uhr (Ostern–Allerheiligen). Eintritt 3 €, Anfragen zu Sonderführungen beim Tourismusverein Latsch-Martelltal, Tel. 0473 623109.

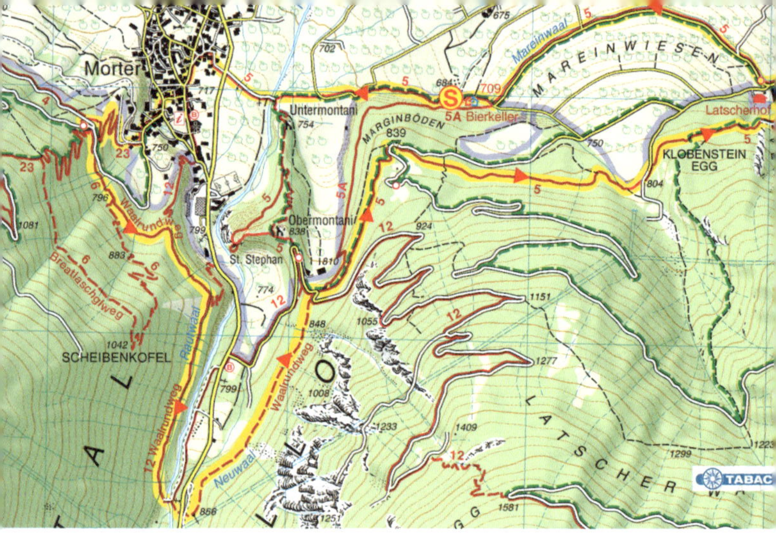

EINKEHRTIPPS

Bierkeller Latsch: Rustikales Ausflugslokal mit Bänken und Tischen im Freien unter Bäumen und Sonnenschirmen, innen viel Platz in mehreren Räumen. Den Namen hat das Wirtshaus übrigens von einem Keller, der vor über hundert Jahren in den Felsen gesprengt wurde, der Luftzug kühlte damals das Bier. Die Temperatur in diesen Kellern, die immer noch genutzt werden, liegt konstant bei 7 Grad. Valtneidweg 2, Latsch, Tel. 0473 623208, www.bierkeller-latsch.com. März–Nov. geöffnet, Mo. und Di. Ruhetag.
Latscherhof: Fast am Ende der Tour, am Waldrand gelegen, nahe dem Eisstadion. Hotel mit schönem Gastgarten, Kaffee, hausgemachte Kuchen und Torten. Valtneidweg 1, Latsch, Tel. 0473 623152, www.latscherhof.com.

INFOS IN KÜRZE

abwechslungsreicher Verbund mehrerer Wege

Latsch, Bierkeller, 700 m

mittel, kurzer Anstieg in Morter, Abstieg zur Eishalle

3 h 15 min

Kleine Anstiege summieren sich zu 170 Höhenmetern, auf den Waalwegen keine erwähnenswerten Höhenunterschiede.

10,3 km

Im Vinschgau bis Latsch, im Ort auf der Marktstraße zum Schwimmbad, weiter über den Valtneidweg zum Bierkeller (beschildert).

Mit Bus oder Bahn bis Latsch, Citybus bis Aquaforum, dann 30 Min. Fußweg zum Bierkeller.

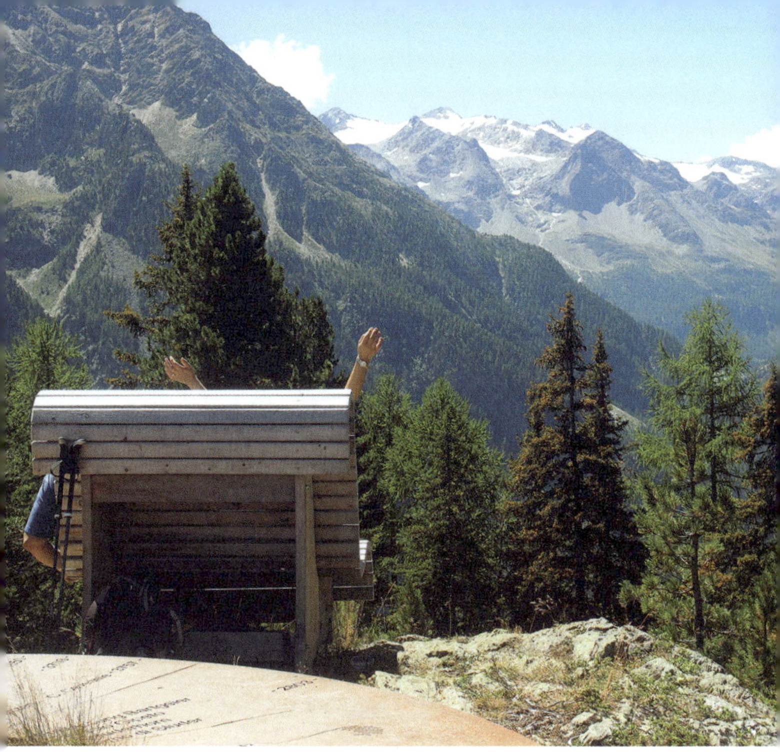

5 Der Holzrinnen- oder Kandlwaal in Martell

Das Martelltal zieht sich als tiefer Einschnitt, flankiert von steilen Berghängen, von Goldrain bis zu den eisgekrönten Gipfeln der Cevedalegruppe hin. Im etwas breiteren Mittelteil erstrecken sich steile, südexponierte Wiesenhänge mit den darin verstreuten Bauernhöfen des Weilers Waldberg. Fünf dieser Bergbauernhöfe sind durch einen Themenweg, den „Waldbergbauernweg", miteinander verbunden. Hier erfahren wir Interessantes zum teils harten Leben und Wirtschaften am Berg.

Bei dieser Rundwanderung wandern wir nicht, wie sonst bei Waalwegen üblich, auf ebenen Begleitsteigen, lediglich ein kurzes Stück des Weges geht an einem Waal entlang, der aus zusammengefügten ausgehöhlten Baumstämmen, sogenannten Kandln, besteht. In den Rinnen schießt das abgeleitete Bachwasser mit großer Geschwindigkeit bergab, somit ist auch der Weg, der diesen „Kandlwaal"

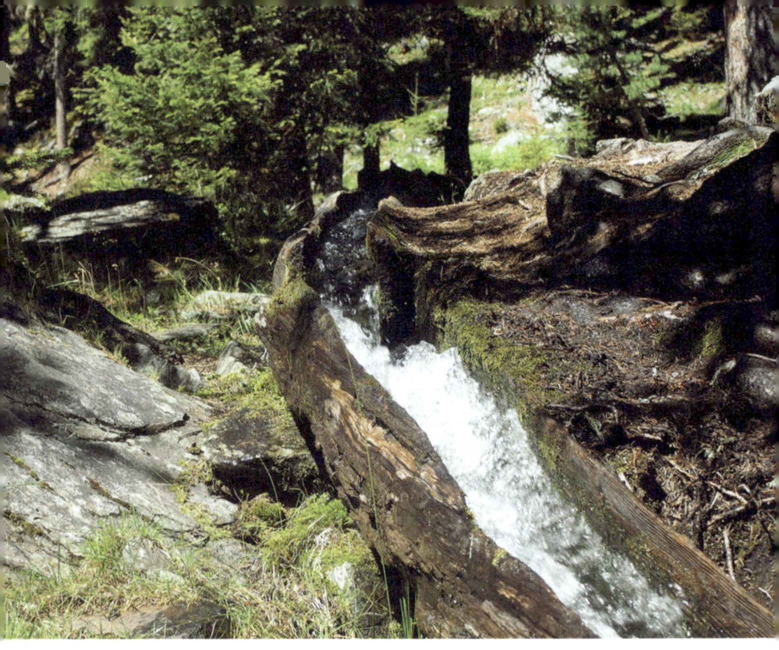

begleitet, kein ebenes Steiglein. Der Waal wird von den Bauern auch heute noch zur Bewässerung der Felder benutzt.
Am Parkplatz beim Gasthaus Stallwies werfen wir einen letzten Blick auf die Panoramatafel und schlagen dann den breiten Forstweg ein, der ostwärts (Weg Nr. 15, „Suchbichl") führt. Teile unserer Route decken sich mit dem Themenweg „Waldbergbauernweg", der mit dem Symbol eines Zirbenzapfens gekennzeichnet ist. Bald queren wir die ausgehöhlten Baumrinnen des Kandlwaales, Infotafeln erklären uns die Bauweise, Funktion und Wartung des Waals. Wir verlassen den breiten Weg, ein markiertes Steiglein (Nr. 15) führt parallel dazu eben unterhalb zur Abzweigung zum Suchbichl. Hier

DIE MARTELLER ERDBEEREN

Das Martelltal ist bekannt für seine hervorragenden Bergerdbeeren, die auf dieser Höhe (900–1.800 m), begünstigt durch das milde und trockene Klima, einen unvergleichlichen Geschmack entwickeln. Die Erntezeit beginnt Anfang Juni und endet in den höchsten Anbauflächen erst Anfang September. Die Erdbeeren werden zu einem Zeitpunkt gepflückt, an dem in den meisten anderen Gebieten Europas die Ernte bereits abgeschlossen ist und erzielen auch deshalb gute Preise. Gleich am Beginn des Tals, neben dem Nationalparkhaus culturamartell, ist die Verkaufsstelle für die süßen Früchtchen.

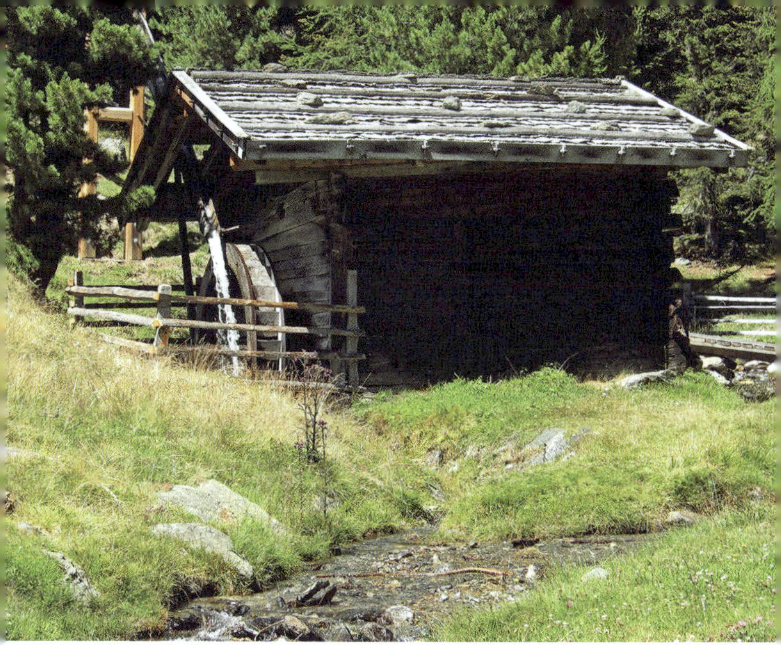

sehen wir Wegweiser und einen Brunnen und machen einen kurzen Abstecher zum Suchbichl, der hinter einem Sendemast liegt. Auf einer Plattform stehen überdimensionale, hölzerne Liegestühle, Tisch und Bank sowie ein Metallkreis mit den eingravierten Namen der umliegenden Berge; die Aussicht auf Gipfel und Gletscher ist atemberaubend! Zurück an der Weggabelung geht es auf einem Waldsteig (Nr. 24), einen Forstweg querend, bergab zur Bärenplattmahd, einer einsamen Bergwiese mit Bank und Brunnentrog, wo sich einst Bären einfanden – eine Tafel und eine Bärenskulptur erinnern daran. Der weitere Weg (Nr. 26) geht rechts eben in den Wald, bei einer Wegteilung verlassen wir den Waldbauernweg und folgen Weg Nr. 32, Richtung „Gasthof Stallwies", er quert im steten Auf und Ab steile Waldhänge und führt taleinwärts zum Greithof. Oberhalb des Hofes, bei einem kleinen Teich, stoßen wir auf den Kandlwaal. Der jetzt wieder breitere Weg bringt uns an den wasserführenden Holzrinnen entlang bergauf und zum Parkplatz beim Stallwieser zurück.

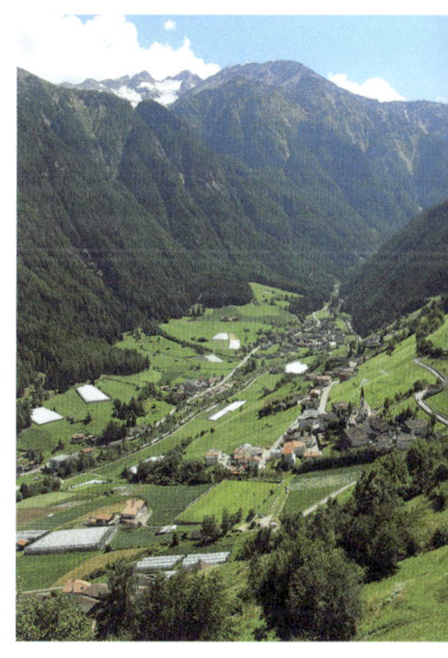

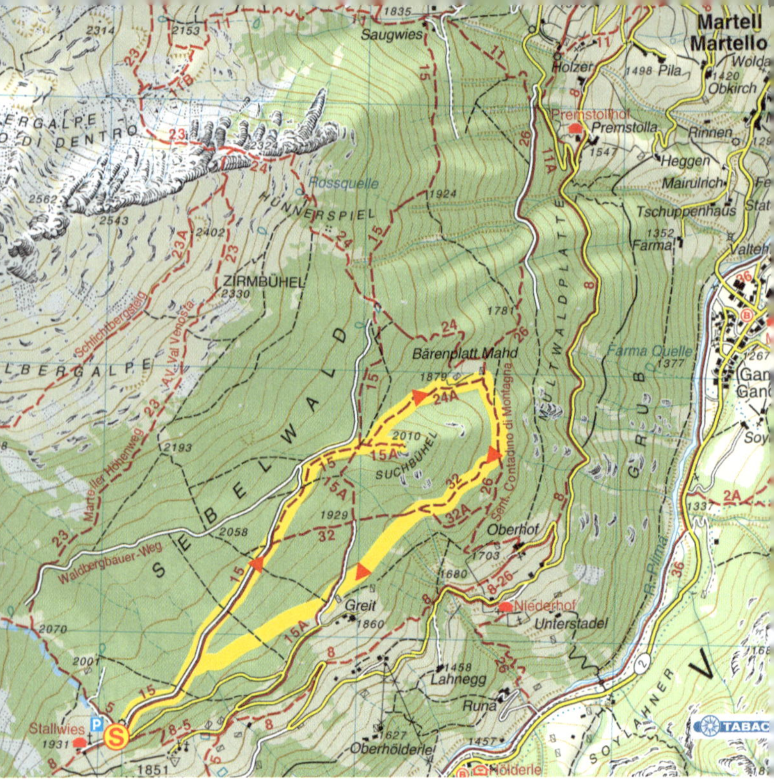

EINKEHRTIPP

Gasthaus Stallwies: Große Terrasse, typische Tiroler Gerichte, eigene Säfte. Gastgarten, Liegewiese, Kinderspielplatz, Ententeich und Streichelzoo – ein Paradies für Kinder! Waldberg 1, Martell, Tel. 0473 744552, www.stallwies.com, Mi. und Do. Ruhetag.

INFOS IN KÜRZE

Problemlos, teilweise schmaler Steig mit kurzen Steilstücken.
Mühle beim Gasthaus Stallwies, 1.935 m
mittelschwer
1 h 40 min
200 Höhenmeter
5 km, davon 1,5 km Waalweg

Von Goldrain im Vinschgau ins Martelltal bis Martell/Gand, dann nach Martell/Dorf und nun 5 km bergauf auf einer schmalen Asphaltstraße zum Parkplatz beim Stallwieser.
Bus Goldrain-Martell, im Sommer Anschluss-Bus Martell–Stallwies, Fahrplan unter www.latsch-martell.it

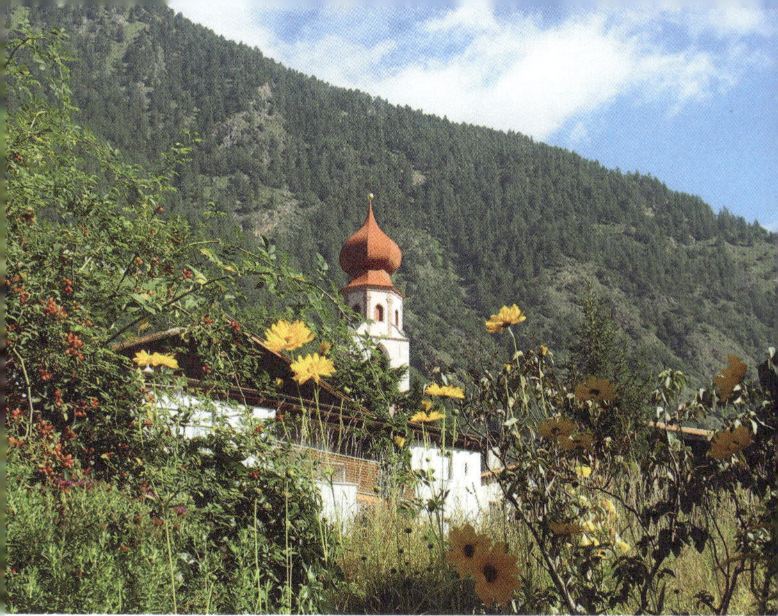

6 Der Tscharser und Stabener Waalweg

Im unteren Vinschgau, wo sich das Dörfchen Tschars an den Sonnenhang schmiegt und von ausgedehnten Apfelanlagen umgeben ist, liegt hoch oben auf einem Felsrücken am Eingang zum Schnalstal das Schloss Juval, die Sommerresidenz des einstigen Extrembergsteigers und Weltenbummlers Reinhold Messner. Unterhalb der Burg fließt in einem schmalen offenen Kanal Wasser aus dem Schnalser Bach zur Bewässerung der Felder von Tschars. Rund hundert Höhenmeter tiefer verläuft fast parallel dazu ein weiterer Weg am Stabener Waal entlang. Diese beiden Waalwege lassen sich zu einer angenehmen Rundwanderung verbinden, die uns viel von der Vinschgauer Kulturlandschaft bietet: Obstanlagen und Weinberge, Kastanienhaine, Burgen, alte Dörfer, die karge Vegetation des trockenen Sonnenberges und nicht zuletzt zünftige Einkehrmöglichkeiten.

Der Fußweg beginnt am Parkplatz hinter der Obstgenossenschaft, geht etwas steil durchs Dorf, an der Pfarrkirche vorbei durch Apfelgärten (Nr. 1A, „Juval") hinauf zum Tscharser Schnalswaal (bis hierher 30 Minuten, 140 Höhenmeter). Nun wandern wir auf seinem Begleitweg (Nr. 3) gegen die Fließrichtung des Wassers, das im offenen Kanal munter plätschert, ostwärts. Der Blick gleitet von

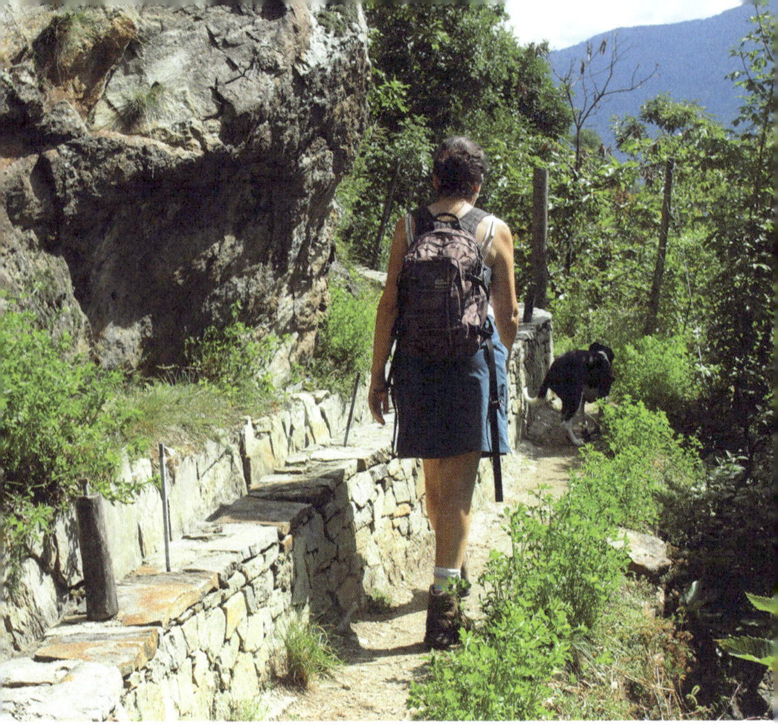

Rebhängen am Sonnenberg zu den unzähligen Apfelanlagen im Vinschger Talgrund. Durch die Feuchtigkeit des Waalwassers, das in den Boden sickert, begünstigt, hat sich entlang des Weges dichter Laub- und Buschwald entwickelt, der uns wie ein grünes Band begleitet und an heißen Tagen Schatten spendet. Bei der Jausenstation Sonnenhof macht der Waalweg eine Kurve und führt in Richtung Schnalstal. Hier verlassen wir den Waalweg und nehmen links den alten, steingepflasterten Burgweg hinauf zum Schloss Juval, das auf einem markanten Felsenstock liegt. Die schön restaurierte Burg lädt zu einer Besichtigung ein. Es ist ein mystischer Ort mit bewegter Vergangenheit. Nun wandern wir ein Stück auf der asphaltierten Höfestraße zum Schlosswirt bergab. Von dort verläuft der Waalweg unterhalb der Burgfestung an der laut tönenden Waalschelle beim Waalerhäuschen vorbei zurück zum Sonnenhof.

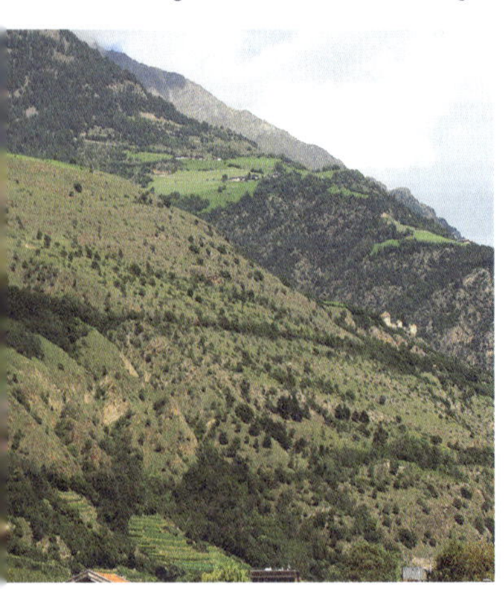

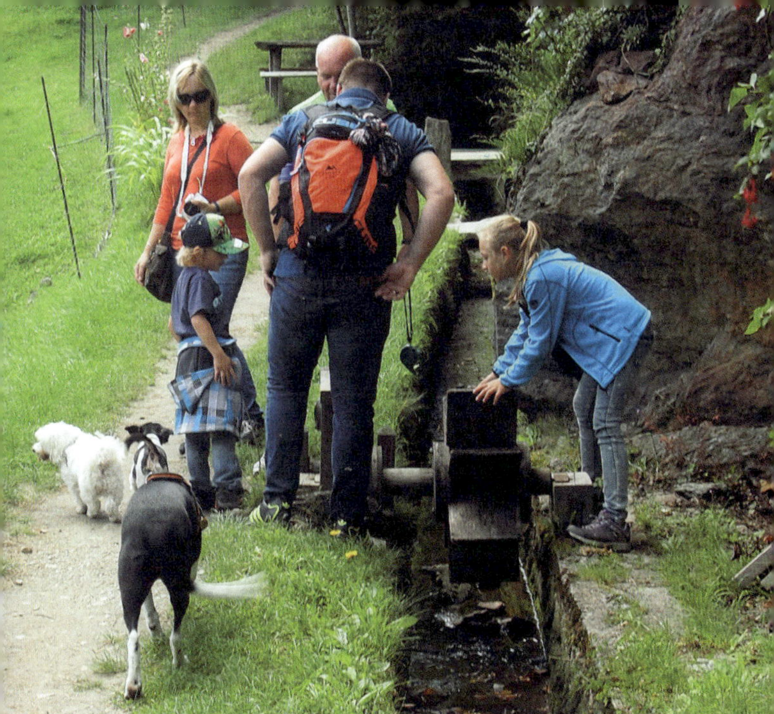

Hier führt der Steig mit der Markierung 1 im spitzen Winkel ein Stück über den alten Schnalser Weg steil bergab an der Geländekante in Richtung Staben bis zum Stabener Schnalswaal (Wegweiser). Der Begleitweg geht nun bequem und ohne Steigungen am Falzrohrhof und dem großen Gasthof-Hotel Himmelreich vorbei zurück nach Tschars, wo diese erlebnisreiche Rundwanderung endet.

SCHLOSS JUVAL

Das Schloss, dem der Eigentümer Reinhold Messner seinen eigenwilligen Stempel aufgedrückt hat, ist heute Teil des Projekts MMM – Messner Mountain Museum und dem religiösen Zugang zum Berg gewidmet. Sehenswert sind die umfangreiche Tibetika-Sammlung, die Bildergalerie, die Maskensammlung aus fünf Nationen, der Expeditionskeller, die Abenteuerbibliothek, Renaissance-Fresken und vieles mehr.
Öffnungszeiten: Vom vierten So. im März bis zum ersten So. im Nov. tägl. 10–17 Uhr. Mi. Ruhetag, Tel. 348 4433871, Rundgangsplan und Museums-App (funktioniert wie ein Multimedia-Guide) zum Download auf www.messner-mountain-museum.it

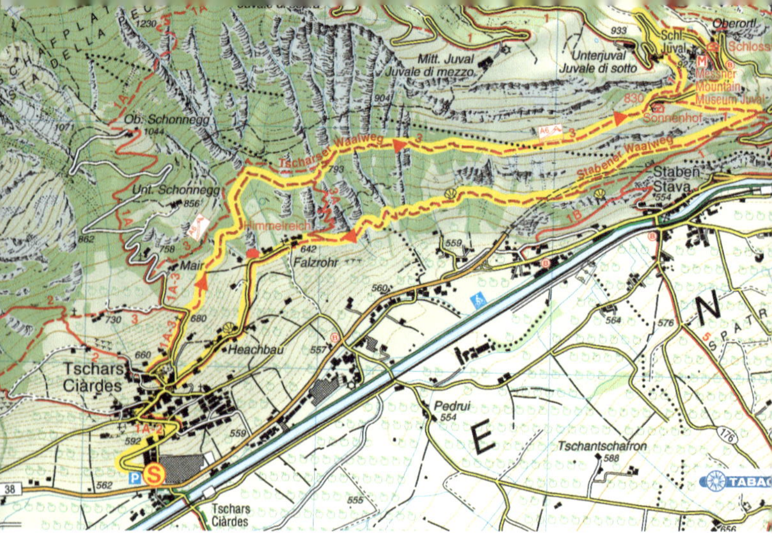

EINKEHRTIPPS

Schlosswirt Juval: Rustikales Berggasthaus, viel Platz sowohl im Freien als auch im Haus. Juval 2, Kastelbell-Tschars, Tel. 0473 668056, www.schlosswirtjuval.it, Mi. Ruhetag.

Jausenstation Sonnenhof: Einfache Jausenstation, Gastgarten, Selbstbedienung. Tscharser Waalweg, Kastelbell-Tschars, Tel. 0473 667892 und Tel. 366 3101483, Fr. Ruhetag.

Hotel Himmelreich, am Ende des Stabener Waalweges, kurz vor Tschars. Mittagsküche, nachmittags Kuchen, Jausen und Eis, Tel. 0473 624109, www.himmelreich.it

Hofschank Himmelreich-Hof, Weinhof (nicht mit dem Hotel zu verwechseln) neben dem Hotel mit exzellenten Vinschger Weinen und typischen Tiroler Gerichten. Tel. 335 6087807, www.himmelreich-hof.info, Do.–So. 17–22 Uhr geöffnet.

INFOS IN KÜRZE

Sehr lohnender Rundweg, der die Vielfalt des Vinschgaus von ihrer schönsten Seite zeigt.

Tschars, 600 m

Mittel, am Beginn leichter Anstieg, kurzes Steilstück vor der Burg und beim Abstieg vom Sonnenhof zum Anschlussweg Stabener Schnalswaal.

3 h 10 min

350 Höhenmeter

9,5 km

Auf der Vinschgauer Staatsstraße bis Tschars, nach der Ortseinfahrt am Kreisverkehr Parkplatz hinter der Obstgenossenschaft (Panoramatafel).

Bus oder Bahn bis Tschars

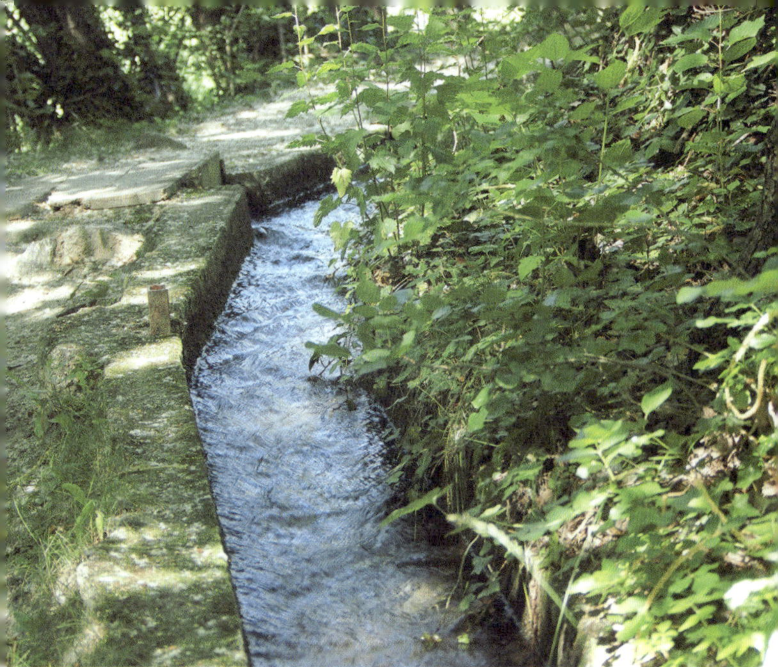

7 Der Naturnser Waalweg

So wie bei vielen anderen Waalen fließt auch das Wasser des Naturnser Schnalswaals im unteren Vinschgau mittlerweile fast zur Gänze unterirdisch in Rohren. Die Wegtrasse, die immer noch den Namen Naturnser Waalweg trägt, ist zu einem beliebten Wanderweg ganz in der Nähe des Dorfes Naturns geworden. Sie durchzieht ein besonders schönes Stück Landschaft am Sonnenberg und führt gleichzeitig zu einem herrlichen Aussichtspunkt.

In Naturns beträgt die mittlere Niederschlagsmenge pro Jahr kaum 500 mm, ohne das Wasser aus den Bergen war Landwirtschaft hier seit jeher nicht möglich. In den Jahren 1830–1833 wurde der 10 km lange Kanal unter schwierigsten Bedingungen vom Schnalstal her gebaut, auf dem Schnalser Abschnitt verlief ein großer Teil in Holzkanälen. Als in den Jahren 1910–1912 am Eingang des Schnalstales ein Wasserstollen für ein E-Werk gebaut wurde, konnte daraus das Wasser für den Waal abgeleitet werden, so verkürzte sich der Waal um 4 km. 1965 wurde dann der größte Teil des verbliebenen Waales in Rohre verlegt. Noch immer werden 118 ha Felder und Obstanlagen damit bewässert. Während früher nur der Waaler den Begleitsteig zur Wartung und zum Kontrollgang nutzte, sind heute viele Wanderer darauf unterwegs.

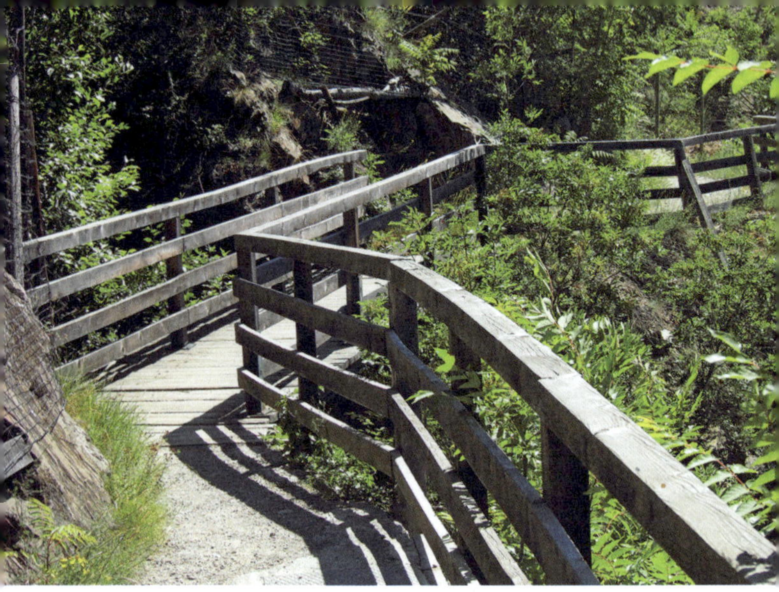

Wir wandern im Ortszentrum von Naturns los, durch die St.-Prokulus-Straße, am Kirchlein vorbei, folgen nun den Schildern „Runster Mühle“ (Nr. 39) in östlicher Richtung, am Rautnerhof vorbei, bis die Asphaltstraße in einen gekiesten Feldweg mündet, der uns zum Ausflugslokal Wiedenplatzerkeller bringt. Nach dem Gasthaus steigt der Weg kurz stramm bergauf bis zum Waalweg. Im gemauerten Kanal fließt das Wasser gemächlich dahin, unser Weg verläuft gegen die Fließrichtung westwärts. Recht bald verschwindet das Wasser in unterirdischen Rohren, die zum Wanderweg umfunktionierte ehemalige Waaltrasse führt fast eben am steilen Hang des Sonnenber-

NATURNSER RIESLING

Vor noch gar nicht allzu langer Zeit wurden die Vinschger Weinbauern belächelt, keiner wollte so recht glauben, dass hier, an der nördlichen Grenze des italienischen Weinbaus, in extremen Höhen und Steillagen gute Weine gekeltert werden könnten. Aber höchste Auszeichnungen bei internationalen Weinwettbewerben ließen die Fachwelt aufhorchen. Gerade auf den Naturnser Sonnenhängen gedeihen herrliche Rieslinge, Vorzeigeadressen sind das Weingut Falkenstein von Franz Pratzner (www.falkenstein.bz) und das Weingut Unterortl-Castel Juval (www.unterortl.it). Nicht von ungefähr werden in Naturns jährlich die internationalen Rieslingtage abgehalten: Bei den prämierten Weinen sind jene aus Naturns immer ganz vorne anzutreffen.

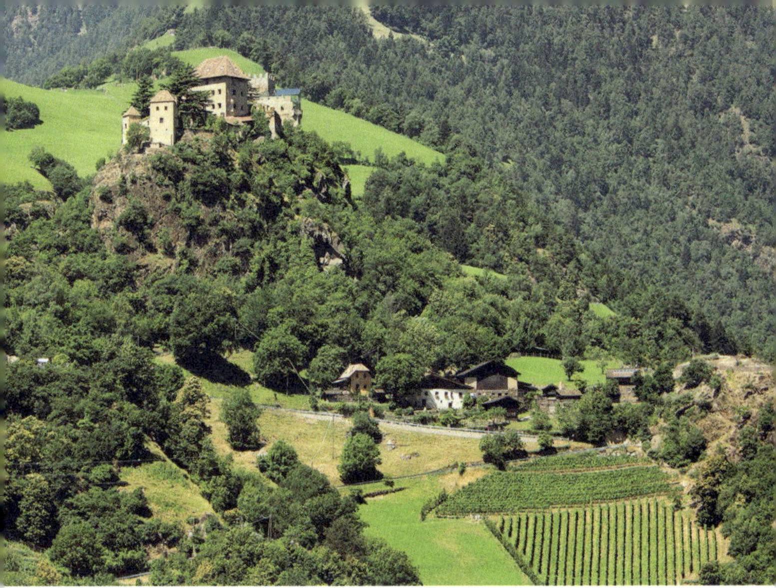

ges entlang, durch Buschwald, überquert auf gut gesicherten Brücken und Stegen felsige Gräben und Flanken. Wir folgen den Hinweisschildern „Wallburgböden". Von den freien Stellen genießen wir den Ausblick über den Vinschgau, die Obstfelder im Tal und auf Naturns.
In der mächtigen Druckleitung, über die die Stufen unseres Weges führen, fließt Wasser aus dem Vernagt-Stausee im Schnalstal, das die Turbinen des E-Werks antreibt. Die Waalerhütte am Weg ist längst verwaist, einst bot sie dem Kanalwächter Unterkunft und Schutz. Bald sind wir am Ende des Steigs, beim Wallburgboden, angelangt. Die Aussicht zum gegenüberliegenden Schloss Juval ist einmalig, tief unten zieht die regulierte Etsch einen silbernen Strich in den Talboden, an Tisch und Bank verweilen wir kurz, bevor wir den Rückweg antreten. An einer Abzweigung nehmen wir den Steig rechts ab zur Jausenstation „Schwalbennest". Dort beginnen

WALLBURG

Die Gegend um Naturns war nachweislich schon vor Jahrtausenden besiedelt, Silexfunde unterhalb des Wallburgbodens bei Kompatsch stammen aus der Jungsteinzeit. Reste von nachgewiesenen Trockenmauern, die leider während des E-Werk-Baus zerstört wurden, lassen eine frühe Siedlungsnutzung der sich darüber befindenden, strategisch gut gelegenen natürlichen Terrassen, im Volksmund „Wallburg" genannt, vermuten.

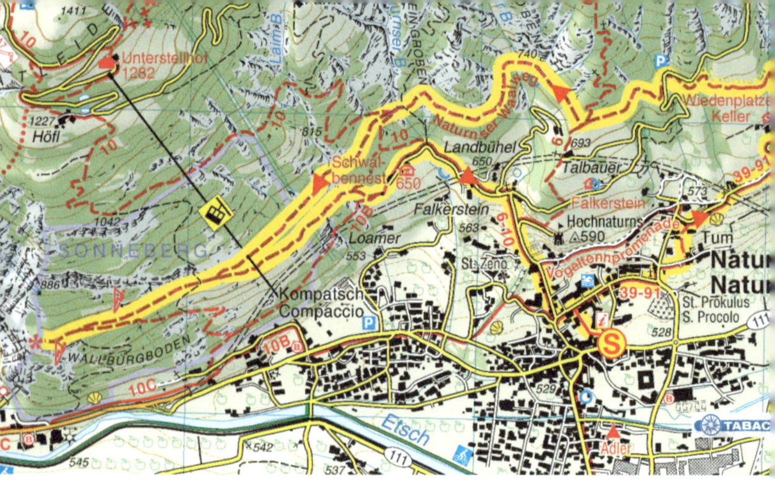

die Rebanlagen, beim alten, leider dem Verfall preisgegebenen Maurbamerhof begutachten wir die große Torggl, eine alte Weinpresse, und noch anderes antikes bäuerliches Gerät, das gesammelt wurde und ausgestellt ist. Der Weg geht jetzt bergab, auf Naturns zu, über die Schlossgasse an Schloss Hochnaturns vorbei, links in die Vogeltennenpromenade und oberhalb des öffentlichen Schwimmbades wieder in den Aufstiegsweg und zum Parkplatz zurück.

EINKEHRTIPPS

Schwalbennest: Kleines Holzhäuschen am Weg; winzige Stube und Tische im Freien unter Sonnenschirmen, einfache Gerichte, Weine, Säfte. Tolle Aussicht. Pichlweg 5, Naturns, Tel. 388 4296512, Ende März–Anf. Nov. geöffnet, Juli und Aug. Do. Ruhetag.
Wiedenplatzerkeller: Ausflugslokal, auch mit PKW erreichbar. Gastgarten, Stuben, feine Südtiroler Küche, Grillteller, Fleischspieße, Nudelgerichte und Salate, Kuchen. St.-Prokulus-Str. 59, Naturns, Tel. 0473 673280, Di. Ruhetag.

INFOS IN KÜRZE

landschaftlich und kulturhistorisch sehr attraktive Wanderung
Parkplatz in Naturns beim Friedhof, Ecke Hauptstraße – St.-Prokulus-Straße, 535 m
mittel
2 h 35 min
265 Höhenmeter, großteils beim Zustieg zum Höhenweg
7,8 km
Mit PKW, Bus oder Bahn bis Naturns, südliche Dorfeinfahrt. Parkplatz.
Bus oder Bahn bis Naturns

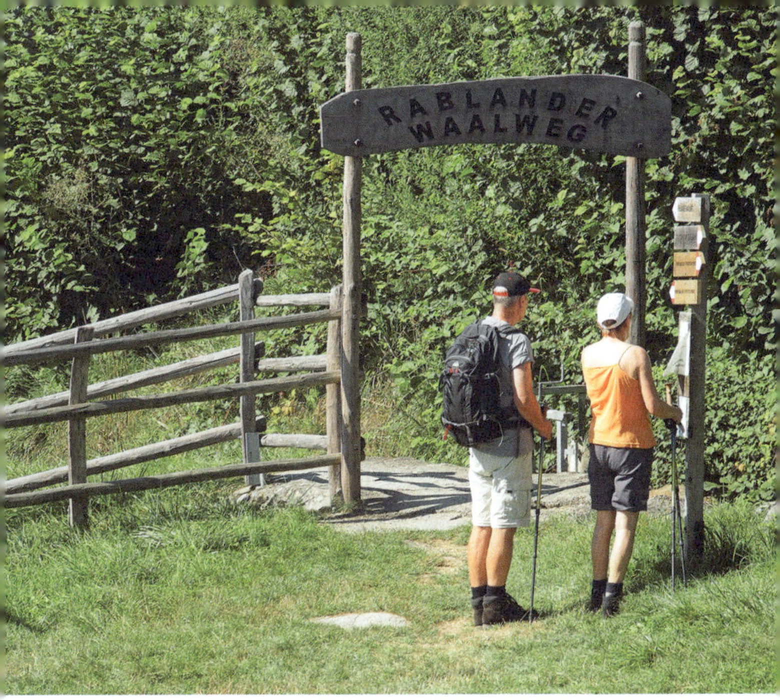

18 Der Rablander Waalweg

Am Bergfuß der Texelgruppe zieht sich der Rablander Waal oberhalb des gleichnamigen Dörfchens knapp eineinhalb Kilometer bis zum Happichlhof hin, die Einheimischen nennen ihn deshalb auch den Happichlerwaal. Er ist einer der kürzesten Waalwege, aber einer der idyllischsten und bequemsten und lässt sich mit dem Zustieg von Rabland aus und der Einkehr beim günstig gelegenen Gasthof Happichl zu einem beschaulichen Rundweg kombinieren. Sein Wasser bezieht der Rablander Waal vom Zielbach, es läuft im ersten Teil als Bächlein vom Winklerhof bis zur Ruine einer alten Mühle wenig oberhalb der ausrangierten Seilbahn zum Giggelbergerhof. Nach einer Sandabscheideanlage beginnt der Weg an einem hölzernen, beschrifteten Zugangstor.

Startpunkt unserer Rundwanderung ist Rabland an der Vinschgauer Staatsstraße, gegenüber dem Tourismusbüro befinden sich eine Bushaltestelle und Parkplätze. An der Verkehrsampel entdecken wir bereits die Wegweiser zum Waalweg (Nr. 91A), durch die St.-Jakob-Straße, die Hans-Guet-Straße und an der Bäckerei vorbei geht es durch die Gassen der Wohnsiedlung mit blumengeschmückten

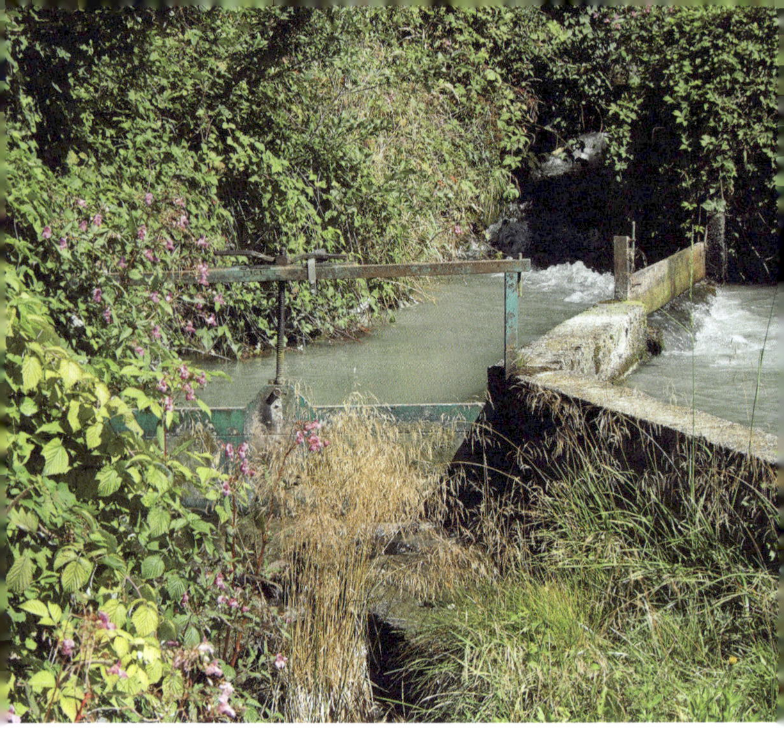

Gärten und Balkonen, an etlichen Hotels entlang bis in die Zufahrtsstraße zur Texelbahn. Nun wandern wir am Gehsteig noch wenige Minuten zwischen Apfelbäumen bis zum Fußballplatz, biegen an dessen Bergseite ab und sind am Beginn des Waalweges angelangt (bis hierher 20 Minuten). Der Waal plätschert munter dahin, der breite, promenadenartige Begleitweg taucht in einen schönen Mischwald aus Birken, Pappeln, Kastanien- und wilden Kirschbäumen ein, Waldreben ranken sich in die Kronen empor, Himbeer-,

(PRÄ-)HISTORISCHES AM WEG

Auf dem Weg vom Gasthaus Happichl zur Hauptstraße können Sie in der Geroldstraße 25, im Garten des Garni Weghueb, einen Mahlstein entdecken. Laut Infotafel wird er der Jungsteinzeit zugeordnet, jener Zeitepoche, in der auch der berühmte Gletschermann „Ötzi" lebte. Der Stein ist etwa 5.000 Jahre alt. Und weil wir schon bei der Geschichte sind: Beim Eingang zum Hanswirt steht die Kopie eines römischen Meilensteins, der Angaben zu Bau und Verlauf der Via Claudia Augusta, der antiken Straße durch den Vinschgau, enthält. Das Original der Stele steht im Stadtmuseum von Bozen.

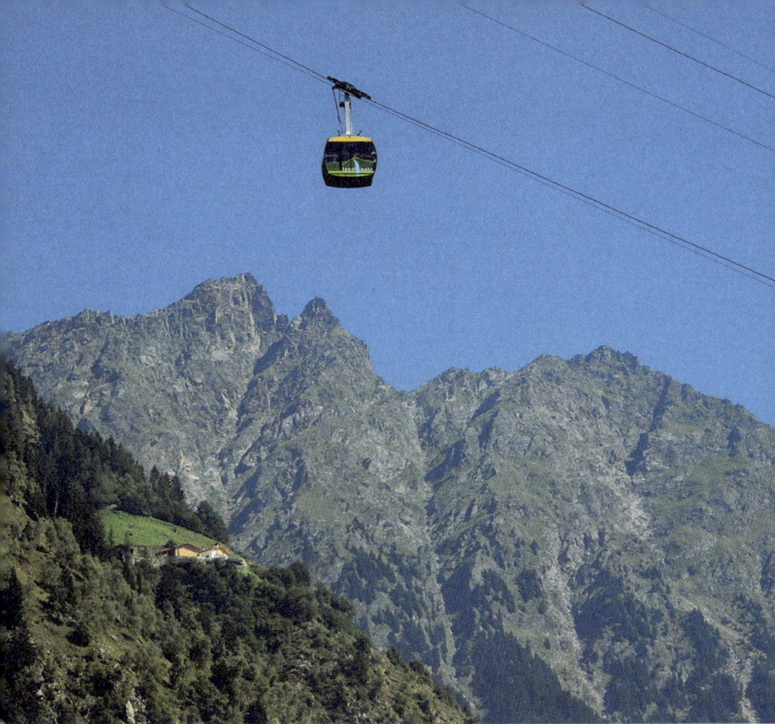

Brombeer- und Haselnussbüsche säumen den Wegrand, an feuchten Stellen wachsen Farne und Moose, ein Wasserrad treibt die Waalschelle an. Mehrere Bänke laden zur Muße ein. Leider dauert dieses schöne Naturerlebnis nicht sehr lange, in knappen 20 Minuten ist die Strecke bei der Brücke über den Schindelbach zu Ende. Unmittelbar daneben lockt das Gasthaus Happichl mit der sonnigen Panoramaterrasse. Anschließend führt der Weg Nr. 26 zu den Häusern von Rabland, am stattlichen Gasthof Hanswirt vorbei wieder auf die Vinschgauer Straße und den Parkplatz zurück.

EISENBAHNWELT

Sind Sie mit Kindern unterwegs? Dann können Sie mit dem Besuch des Museums „Eisenbahnwelt" punkten! In Rabland neben dem Restaurant Hanswirt gelegen, zeigt es auf drei Etagen und einer Fläche von 1.000 m² die größte digitale Modelleisenbahnanlage Italiens mit mehr als 20.000 Einzelobjekten. Die Sehenswürdigkeiten Südtirols wurden für die Anlage in Miniatur nachgebaut. Eisenbahnwelt, Geroldplatz 3, Partschins/Rabland, Tel. 0473 521460, www.eisenbahnwelt.eu, geöffnet 10–17 Uhr, Sa. Ruhetag

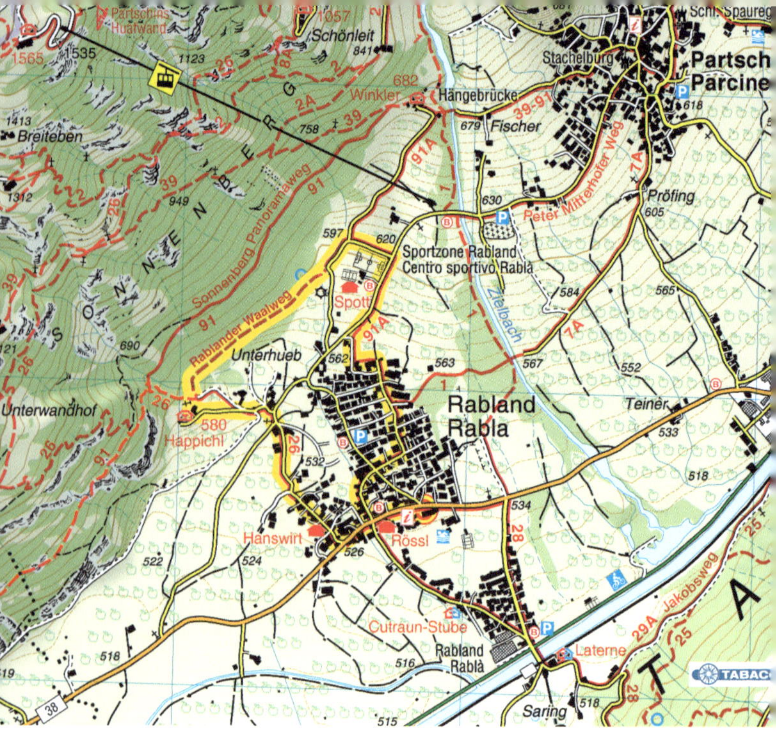

EINKEHRTIPPS

Gasthaus Happichl: Großes Landgasthaus, am Ende des Waalweges gelegen. Terrasse, Speisesaal, Stuben, Weinkeller. Tiroler Gerichte, Eigenbauweine, Kinderspielplatz, Streichelzoo mit vielen Tieren. Geroldstr. 3, Naturns, Tel. 0473 967438, www.happichl.it, Ende März–Ende Okt. geöffnet, Mo. und Di. Ruhetag.

Restaurant Hotel Panorama: Terrasse, Steakhouse. Mittags preiswertes Tages-Menü. Vinschgauer Straße 25, Rabland, Tel. 0473 967140, www.panorama-hotel.it, Mi. Ruhetag.

INFOS IN KÜRZE

Problemlos, auch für Kinder bestens geeignet.
Rabland, 535 m
einfach
1 h 20 min
85 Höhenmeter

3,5 km, davon 1,3 km Waalweg
Auf der Vinschgauer Straße oder mit der Bahn bis Rabland, Parkplatz an der Vinschgauer Straße gegenüber dem Tourismusbüro.

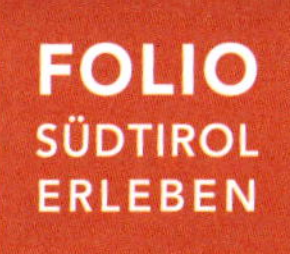

Zwei weitere Bücher aus unserem Programm, die Ihnen augenzwinkernd und humorvoll Insiderwissen über Südtirol vermitteln.

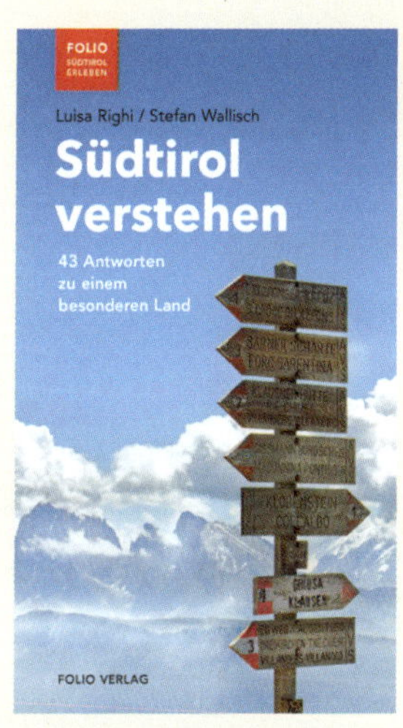

Luisa Righi / Stefan Wallisch
Südtirol verstehen
43 Antworten zu einem besonderen Land
96 S., ISBN 978-3-85256-722-8

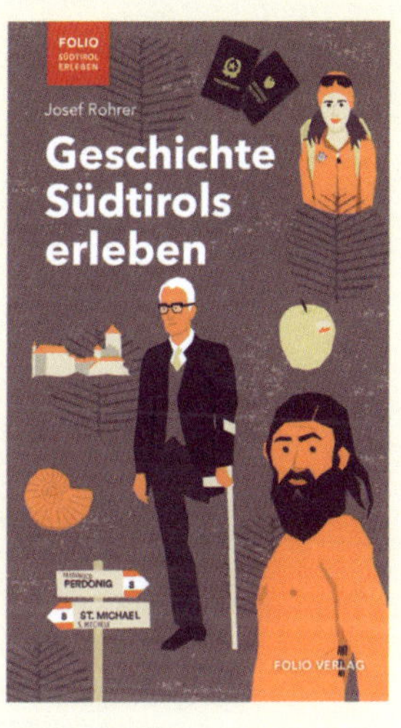

Josef Rohrer
Geschichte Südtirols erleben
108 S., ISBN 978-3-85256-843-0

www.folioverlag.com

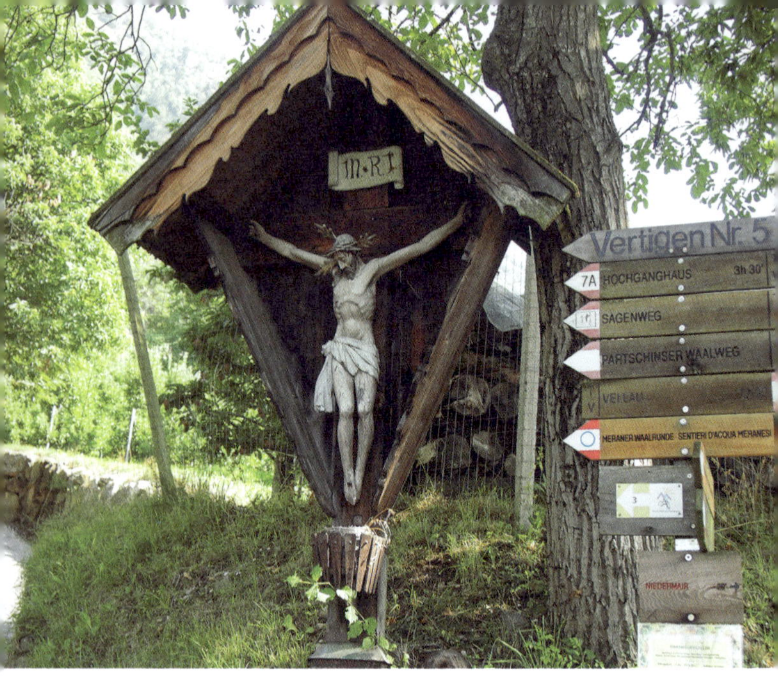

19 Der Partschinser Waalweg

Der Partschinser Waalweg ist zwar nicht der längste, aber mit Sicherheit einer der schönsten des Meraner Raumes. Er quert den Steilhang oberhalb von Partschins, ist sozusagen ein Logenplatz, der eine wunderbare Aussicht über das Dorf, den unteren Vinschgau, zu den Ausläufern der Ortlergrupe im Westen und über Algund, das Meraner Talbecken und die Sarntaler Alpen mit Ifinger und Hirzer ermöglicht. Er kann durch die Verbindung mit anderen Wegen und Steigen zu einem erlebnisreichen Dorfspaziergang kombiniert werden.

Bereits im 15. Jh. von den Stachelburger Grafen erbaut, ist der Partschinser Waalweg einer der ältesten Waalwege im Burggrafenamt. Er dient auch heute noch, nach vielen Jahrhunderten, der Bewässerung der Partschinser Obstgüter. Sein Wasser kommt aus dem Zielbach, der seinerseits aus der Texelgruppe fließt. Etwas unterhalb der Fassungsstelle beginnt der Begleitsteig, der sich ostwärts am mit Buschwerk und Birken bestandenen Steilhang entlangzieht. Damit sich ein schöner Rundweg ergibt, gehen wir den Waalweg gegen die Fließrichtung und starten in Partschins, nicht zuletzt deshalb, weil gegen Ende der Wanderung eine gemüt-

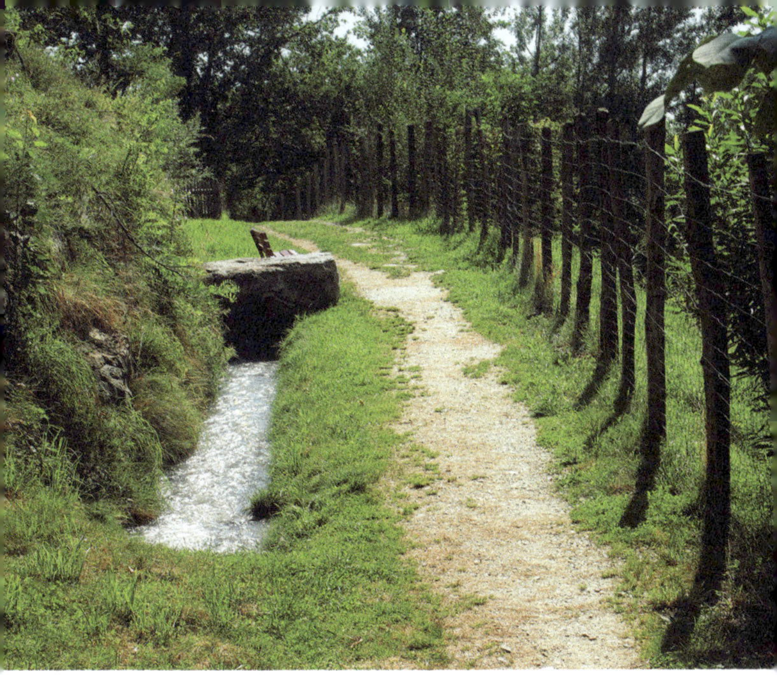

liche Einkehrstation, der Winklerhof, auf uns wartet. Das Gebiet um Partschins ist uraltes Siedlungsgebiet, überall finden sich Spuren davon: Schalensteine, Reste rätischer Behausungen und sagenumrankte Fels- und Geländeformationen. Wegen der guten und dominierenden Lage bauten sich etliche adelige Familien hier ihren Wohnsitz, davon zeugen der Ansitz Spauregg, die Stachelburg und der Gaudententurm. Somit ist diese Waalrunde auch für historisch Interessierte reizvoll.

SCHREIBMASCHINENMUSEUM PETER MITTERHOFER

Mitten im Dorf hat die Gemeinde dem großen Sohn und Erfinder der Schreibmaschine, Peter Mitterhofer, ein eigenes Museum errichtet. Außer der Nachbildung der ersten Schreibmaschine aus dem Jahr 1864 zeigt und erzählt das Museum mit rund 2.000 Exponaten in eindrucksvoller Weise die über hundertjährige Entwicklungsgeschichte der Schreibmaschine, die mit dem Beginn des Computerzeitalters ihrem Ende zuging. Kirchplatz 10, Partschins, Tel. 0473 967581, www.typewritermuseum.com, Apr.–Okt. Mo. 14–18 Uhr, Di.–Fr. 10–12, 14–18 Uhr, Sa. 10–12 Uhr, Nov.–März Di. 10–12 Uhr, jeden 1. So. im Monat 14–18 Uhr; an Feiertagen geschlossen.

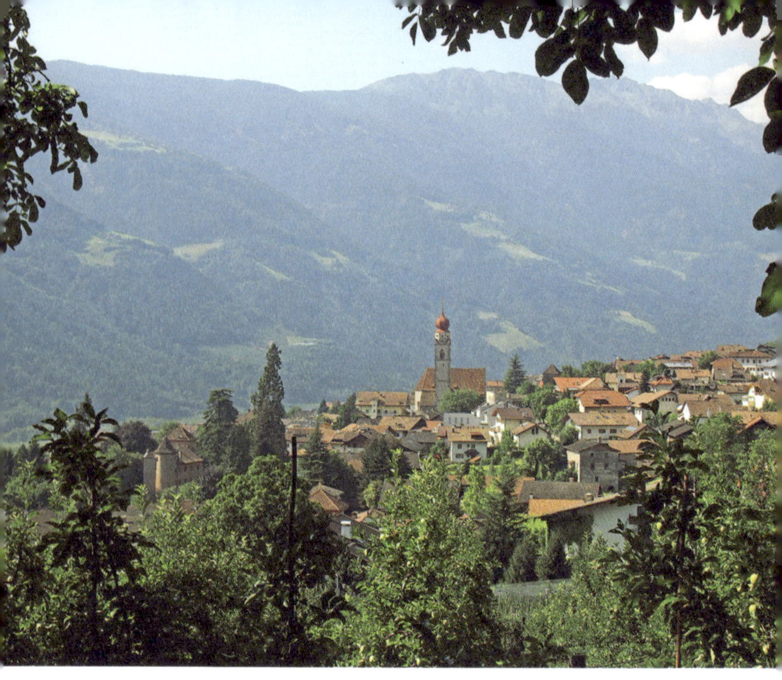

Wir starten im Dorfzentrum von Partschins, über die Spauregg- und Römerstraße gehen wir zum Ortsteil Vertigen im Osten des Dorfes auf den Berghang zu, unübersehbar die Wegweiser „Meraner Waalrunde, Hochganghaus, Partschinser Waalweg, Sagenweg, Nr. 7A“. Durch Apfelgärten, von Steinmauern gesäumt, und an Wegkreuzen vorbei, geht es bergauf zum Beginn des Waalwegs, der durch ein Tor mit Überkopfbeschriftung gekennzeichnet ist. Bald empfängt uns das Rauschen und beruhigende Plätschern des Waalwassers, wir haben die Höhe erreicht (bis hierher ab Dorf 25 Minuten). Meist ist der Waalweg eben, doch ab und zu gibt es kleine Steilstellen. Munter strömt das Wasser des Waales über die kleinen Gefälle, diese wenigen Stellen werden am Begleitsteig mit Stufen überwunden, Geländer sichern exponierte Wegstücke. Wo sich der Buschwald aus Birken, Espen und Haselbüschen lichtet, öffnen sich immer wieder prächtige Ausblicke, Ausgucke weisen auf besondere Sehenswürdigkeiten hin, Ruhebänke laden zum Verweilen und Schauen ein und Informationstafeln erläutern die geheimnisvollen Schalensteine, die hier zu finden sind. Im Westen sehen wir die Steilwiesen des Dursterhofes, in der Höhe die Bergstation der neuen Texelbahn, über die Felskante im Zieltal stürzt das Wasser des Partschinser Wasserfalles, des wasserreichsten und höchsten im Lande. Im Zieltal angelangt, ist der Waalweg zu Ende. Nun wandern wir auf Wegen und Steigen, den Wegweisern zur Talstation Texelbahn (Nr. 1) folgend, bergab, dabei überqueren wir die Straße, die Brücke über den Zielbach und

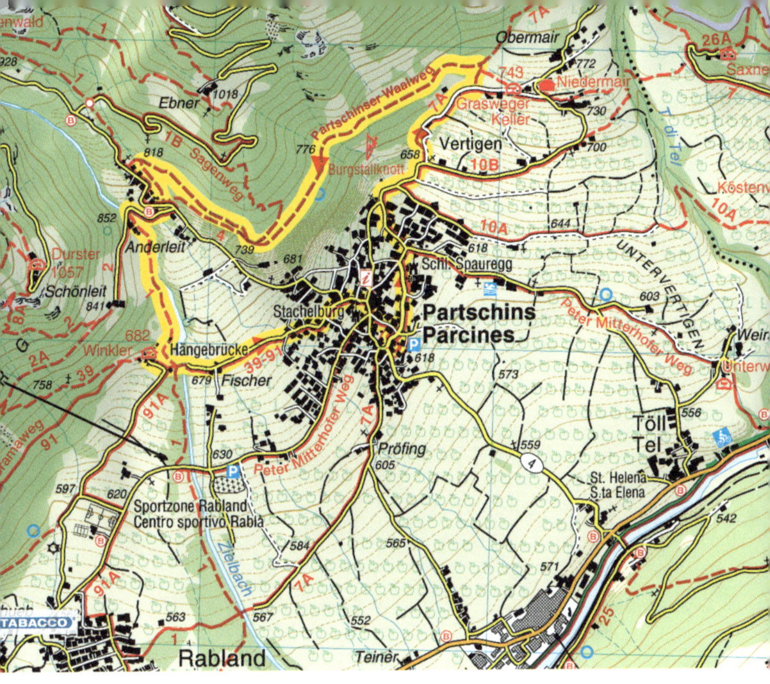

gehen an der rechten Bachseite steil hinab bis zu den Obstwiesen, wo wir bald auf unser Etappenziel, den Winklerhof, stoßen. Nach einer Einkehrpause nehmen wir den Weg über die Hängebrücke, durch Obstwiesen und zuletzt die Häuser von Partschins zum Ausgangspunkt zurück (ab Winklerhof ca. 30 Minuten, Weg Nr. 1).

EINKEHRTIPP

Winklerhof: Sonnenterrasse, uriges Stübchen, großer Kinderspielplatz, Hausmannskost, Kuchen. Sonnenbergweg 56, Partschins, Tel. 0473 967347, www.winklerhof.bz.it, Di.–Mi. Ruhetag.

INFOS IN KÜRZE

Landschaftlich und kulturgeschichtlich sehr interessante Rundwanderung, auch für Kinder unterhaltsam. Wegen Stufen, Eng- und Steilstellen nicht für Kinderwagen geeignet.

Partschins, Dorfzentrum, 638 m

leicht, kurze An- und Abstiege

1 h 40 min

200 Höhenmeter

5 km

Auf der Vinschgauer Straße bei Töll nach Partschins abbiegen, Parkplatz am südlichen Dorfrand.

Bus bis Partschins, Haltestelle Parkdeck

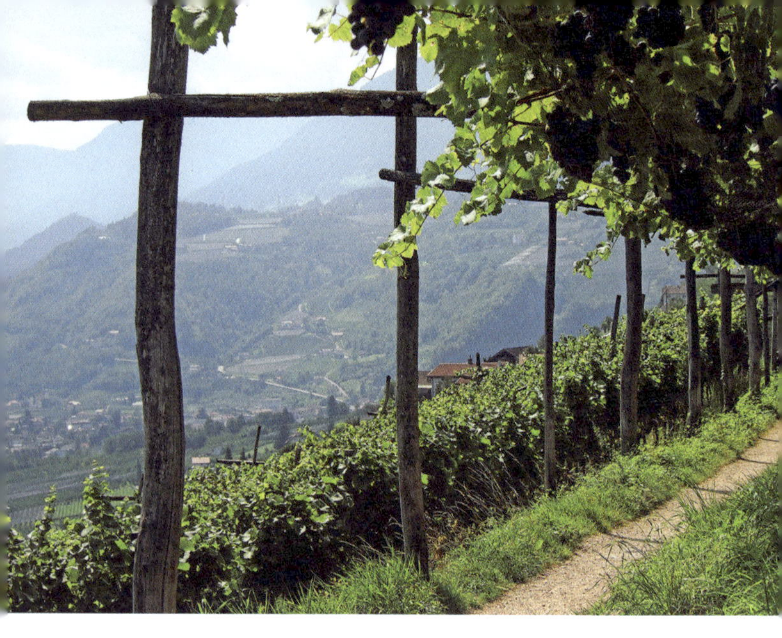

20 Der Marlinger Waalweg

Mit knapp 12 Kilometern Länge ist der Marlinger Waalweg der längste seiner Art in Südtirol. Bei der Töll, an einer Geländestufe, wird das Wasser der Etsch für ein E-Werk teilweise abgeleitet. Bereits seit Jahrhunderten wird an dieser Stelle auch das Wasser für den Marlinger Waal entnommen. Der Weg beginnt an der Etschbrücke bei Töll in der Gemeinde Partschins und verläuft nahezu eben durch Wälder, Obst- und Weingärten oberhalb der Dörfer Forst, Marling und Tscherms und endet in Lana. Zwischen Kastanienhainen und weitläufigen Reben- und Obstanlagen hindurch begeistern die grandiosen Ausblicke auf das Meraner Becken.

Wegweiser zeigen den Fußweg an, der bei der Stauwehr, neben einem Kiosk, die Straßenbegrenzungsmauer überquert und in den Laubwald eintaucht. Seit dem Bau des E-Werks verläuft der erste Teil des Wasserkanals jetzt unterirdisch, die alten gemauerten, trockenen und überwucherten Rinnen des alten Waales sind noch sichtbar. Gleich geht es ein bisschen abenteuerlich über Holzbrücken an den Felswänden des Nörderberges entlang, manchmal muss man den Kopf einziehen, so niedrig führt der Steig unter Felsvorsprüngen hindurch. Aber keine Angst, stabile Geländer sichern den Weg! Nach wenigen Minuten Gehzeit strömt das Wasser aus dem Felsen in die Kanalrinne und fließt teils durch dicke Rohre unter

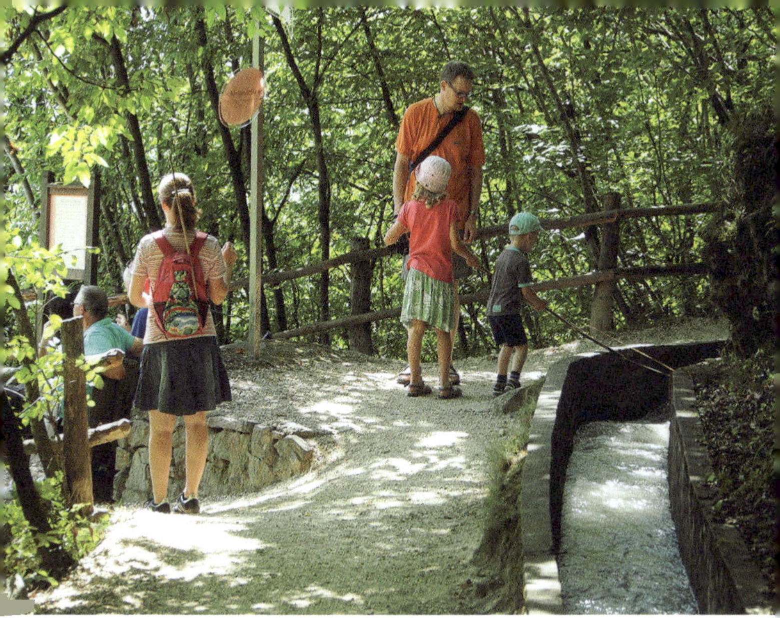

oder neben dem Weg, erst wenn dieser in die Wiesen und Obstfelder eintritt, läuft das Wasser offen in einem gemauerten Kanal neben der Trasse. Nach der Passage durch die gut gesicherten Felswände weitet sich der Blick über die liebliche Landschaft und die von einem Kranz von Dörfern umgebene Stadt Meran, die von den Bergspitzen des Ifinger und des Hirzer überragt wird. Wir kommen zum Dörfchen Marling, das dem Weg seinen Namen gibt. Hier wurde ein Teil der Route zum Wandererlebnispfad ausgebaut: An Stationen erfährt man Interessantes und Neues rund um den Wald, über die Entstehung des Waales und seine Instandhaltung durch die

ZUR GESCHICHTE DES MARLINGER WAALS

Die Entstehung dieses Waals ist gut dokumentiert: Die Mönche des Kartäuserklosters Allerengelberg in Schnals erwarben im 18. Jh. einen Weinhof bei Marling und entschlossen sich, einen Bewässerungskanal zu bauen. Sie besaßen darin große Erfahrung, denn sie hatten im engen und felsigen Schnalstal mehrere dieser Waale zur Bewässerung ihrer Güter im Vinschgau gebaut. Der Marlinger Waal wurde in den Jahren 1737 bis 1756 mit großem finanziellen und technischen Aufwand errichtet, aber die Ausgaben haben sich gelohnt: Er ist immer noch in Betrieb, das Wasser nützt den Feldern, und der Begleitsteig wurde zu einem der beliebtesten Wanderwege des Meraner Raumes.

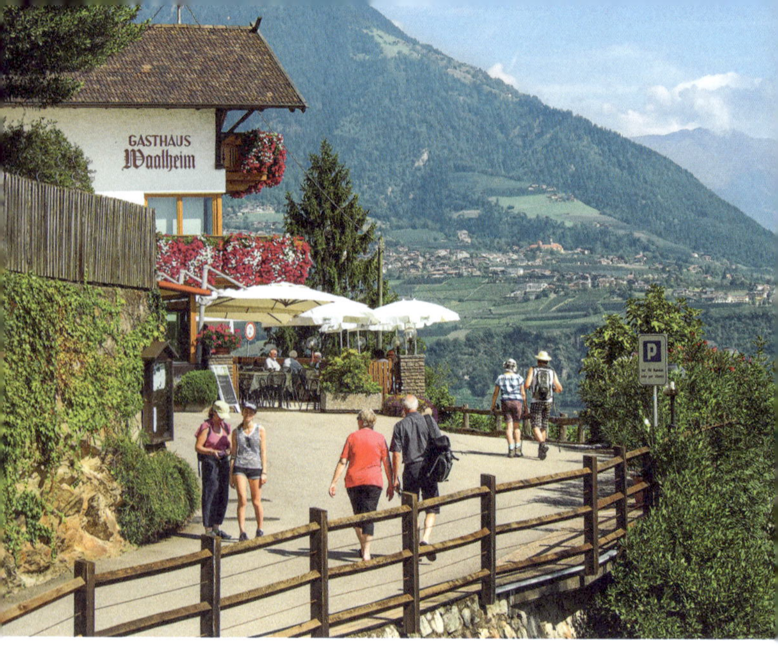

Kanalarbeiter, die „Waaler“, die in einem Häuschen am Waal, der „Waalerhütt“, während der Bewässerungs- und Instandhaltungszeit ihre Unterkunft hatten. Die Landschaft wird offener, immer mehr Obst- und Weingärten lösen den Wald ab, oberhalb des Weges liegt die prächtige Burg Lebenberg, unterhalb breiten sich auf grünen Moränenhügeln schöne Weinhöfe aus, Zypressen vermitteln mediterranen Flair. Kurz oberhalb der Marktgemeinde Lana ist das Ende des Waalwegs erreicht, auf einer Höfezufahrt steigen wir in wenigen Minuten zur Hauptstraße und der Bushaltestelle ab, von der wir mit dem Bus wieder nach Meran und Töll zurückgelangen.

EINKEHRTIPPS

Am und in unmittelbarer Nähe des Weges finden sich viele Einkehrmöglichkeiten jeder Art, die kaum Wünsche offen lassen: von bescheiden rustikal bis raffiniert, meist mit prächtiger Aussichtsterrasse. Eine Auswahl:

Gasthof Waldschenke, St.-Felix-Weg 11, Marling Tel. 0473 447015, Fr. Ruhetag

Gasthaus Waalheim, Bergerstraße 8, Marling, Tel. 0473 447252, Mo. Ruhetag

Restaurant Leitenschenke, Leitenweg 9, Tscherms, Tel. 333 8563472, Juli und Aug. Sa. Ruhetag

Buschenschank Oberbrunn, Raffeingasse 7, Lana, Tel. 0473 564252, Mi. Ruhetag

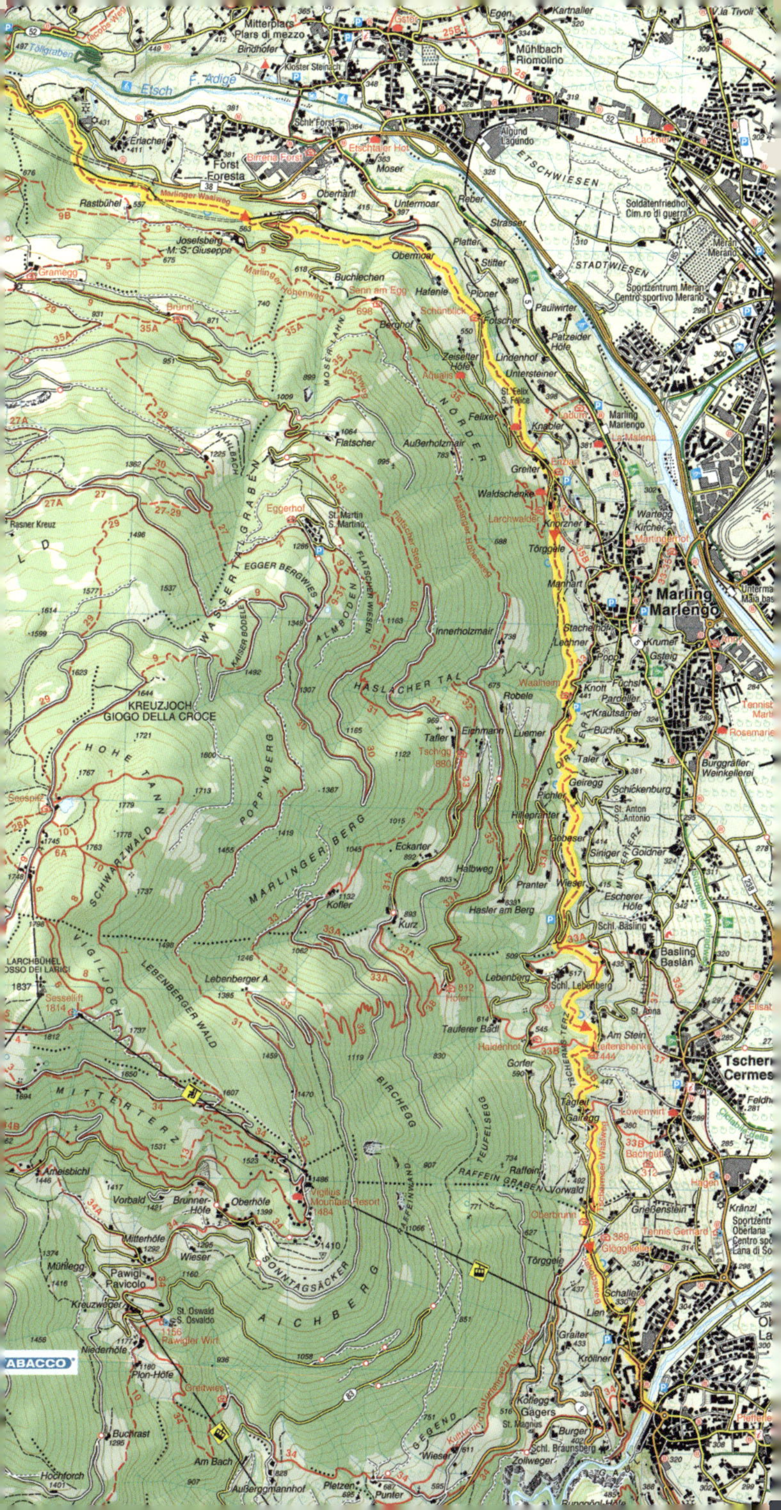

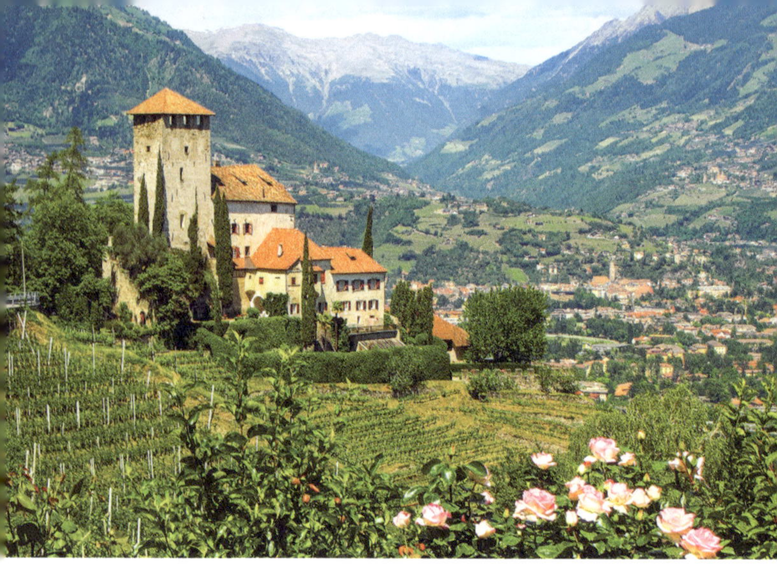

SCHLOSS LEBENBERG

Das gut erhaltene und noch heute bewohnte Schloss Lebenberg stammt aus dem 13. Jh., die Herren von Lebenberg waren Ministeriale der Grafen von Tirol, nach dem Tod des letzten Lebenbergers gelangte die Burg an die Herren Fuchs von Fuchsberg, die es großzügig erweiterten. Nach mehrmaligem Besitzerwechsel gehört das Schloss heute der Familie van Rossem und ist zwischen April und Oktober im Rahmen von Führungen öffentlich zugänglich. Auskünfte unter Tel. 320 4018511.

INFOS IN KÜRZE

Lange, aber sehr lohnende Wanderung. Viele Einkehrmöglichkeiten am Weg. Beste Zeit zur Obstbaumblüte Ende April oder im Spätsommer und Herbst zur Erntezeit. Teilstrecken führen durch schattigen Laubwald, das ist an heißen Tagen angenehm. Für Kinder gut geeignet. Tipp: früh starten, da ist der Weg nicht überlaufen!

Töll bei Partschins-Meran (508 m)

3 h 30 min

keine nennenswerten Anstiege

11,1 km, davon 9,5 km Waalweg

leicht, aber lang

Der Beginn des Weges liegt verkehrsgünstig: Unweit der Töll-Brücke befindet sich der Bahnhof der Vinschgerbahn. Bushaltestelle sowie gebührenfreie Parkplätze liegen ebenfalls unmittelbar neben dem Startpunkt an der Staatsstraße. Von Marling, Tscherms und Lana verkehrt der städtische Meraner Bus im 15-Minuten-Takt, umsteigen in Meran am Theaterplatz oder Bahnhof in die Linie 213 nach Partschins-Töll.

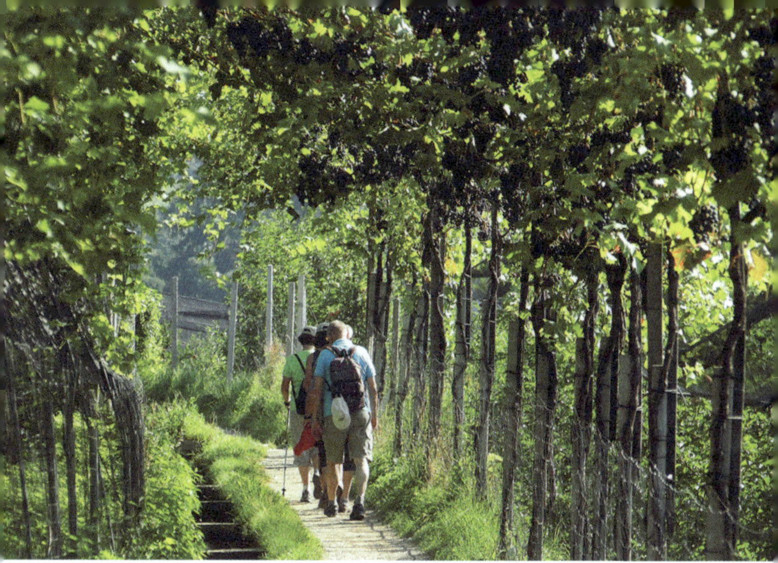

1 Der Algunder Waalweg

Im Nordwesten Merans, bei der Talverengung und dem Gefälle der Töll, wird Etschwasser in zwei Waale abgeleitet. Gegen Süden speist es den Marlinger Waal, gegen Osten fließt das Wasser in den Algunder Waal. Dieser verläuft durch schönen Mischwald, Obstwiesen und Weinberge bis vor die Tore Merans und bietet dabei laufend tolle Ausblicke auf den fruchtbaren Talkessel der Stadt mit den umliegenden Dörfern auf den Hängen, das Etschtal, das sich breit nach Süden öffnet und den Kranz der schützenden Berge.

Der Algunder Waalweg ist einer der beliebtesten und meist begangenen Wanderwege im Meraner Raum. Dies verwundert kaum, denn es geht fast eben dahin, offene Strecken wechseln mit schattigem Wald ab, so dass es zu jeder Jahreszeit reizvoll ist, dort zu wandern. Gaststätten am Weg laden zur Einkehr ein, die Aussicht über die einzigartige Landschaft ist prächtig, die Orientierung problemlos und die Erreichbarkeit auch. Durch die Nähe der viel besuchten Kurstadt und die vielen Gäste ist es ratsam, früh am Vormittag oder am späten Nachmittag unterwegs zu sein, da ist es auf dem herrlichen Weg fast schon einsam. Der Algunder Waalweg ist zudem einer der ältesten, er wurde bereits 1333 urkundlich erwähnt.
Der Waalweg beginnt am Parkplatz vor der Töllgrabenbrücke, auf der alten Vinschgauer Straße, an der Zufahrtsstraße nach Algund und Oberplars, gut erreichbar mit dem Linienbus Algund–Partschins oder im eigenen PKW. Am Parkplatz finden wir bereits eine Orien-

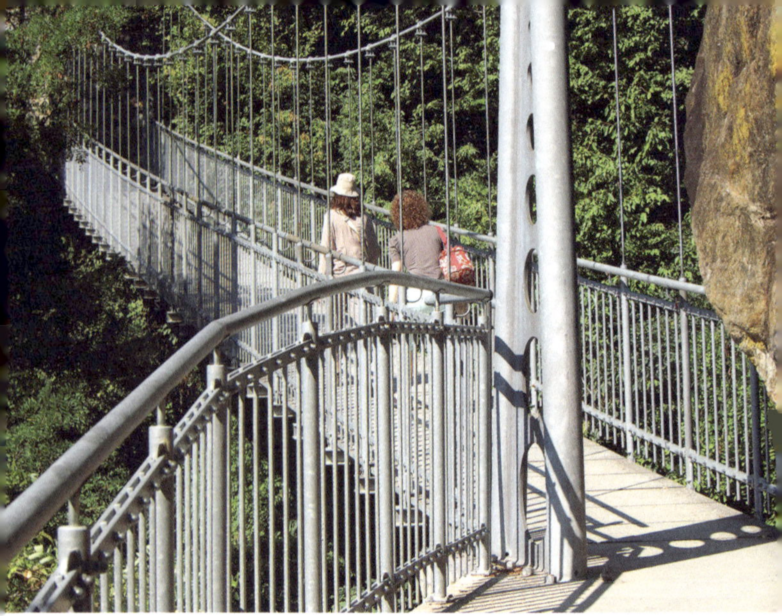

tierungstafel und die Wegweiser, der Weg beginnt bei einem Holztor mit Überkopfbeschriftung. Der Waalweg führt zunächst neben der Straße am Waldrand entlang und verläuft ein kurzes Stück durch Kastanienwald. Bald überqueren wir die Straße nach Vellau und kommen zu den weitläufigen Apfelanlagen oberhalb von Plars. Nach etwa 20 Minuten erreichen wir das Gasthaus Leiter am Waal, die erste Einkehrmöglichkeit. Immer am plätschernden Bächlein entlang geht es nun durch Weinberge und bald darauf durch einen lauschigen Laubwald mit knorrigen Kastanienbäumen und verschiedenen bizarren Felsformationen. Unterhalb des Weges liegen beste Weinberge in sonnigen Steillagen. Wir passieren die Sesselliftanlage, die langsam und beschaulich in altmodischen Einzelsesseln

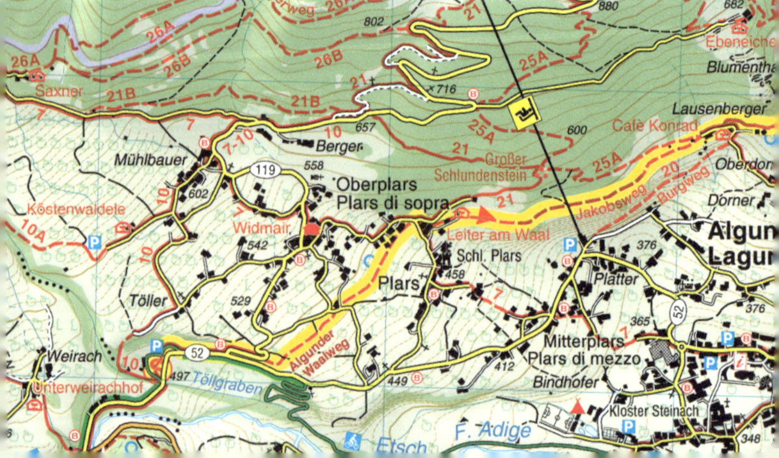

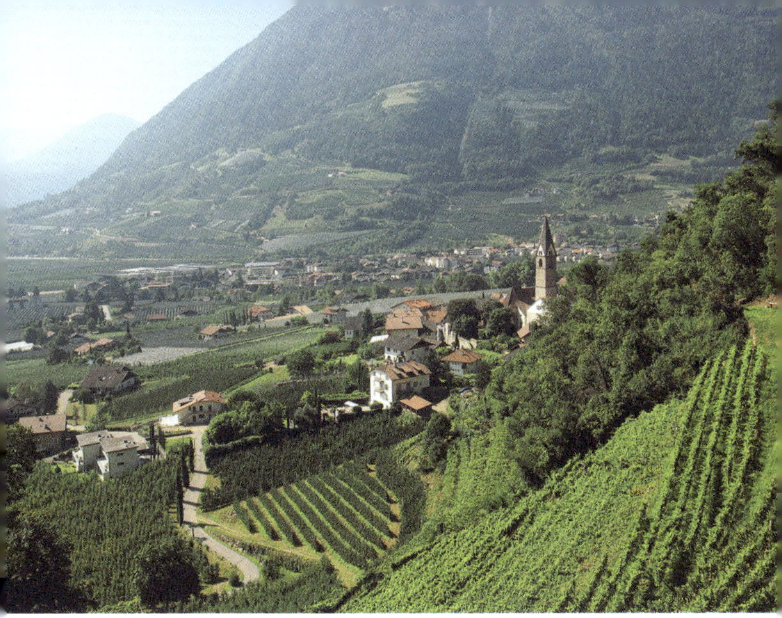

Fahrgäste nach Vellau befördert und kommen zum Café Konrad in Oberplars, einer weiteren Einkehrmöglichkeit an unserem Weg. Nun gibt es eine kleine Umleitung, um einen Graben zu queren, der Waal verschwindet hier in Rohren, danach folgen wir wieder dem nun teilweise kanalisierten Verlauf mit herrlichem Tiefblick auf den Weiler Algund-Mühlbach. Zuletzt geht es kurz über eine neue Hängebrücke, das Wasser läuft hier in einer Rohrleitung bis zum Ende des Waalweges an der Straße, die von Gratsch zum Schloss Thurnstein und nach St. Peter hinaufführt. Je nach Wanderlust steigen wir auf der kaum befahrenen Autostraße in wenigen Minuten zum gut sichtbaren Kirchlein St. Magdalena nach Gratsch ab (Bushaltestelle für die Rückfahrt: Töll) oder folgen dem Tappeinerweg, einem

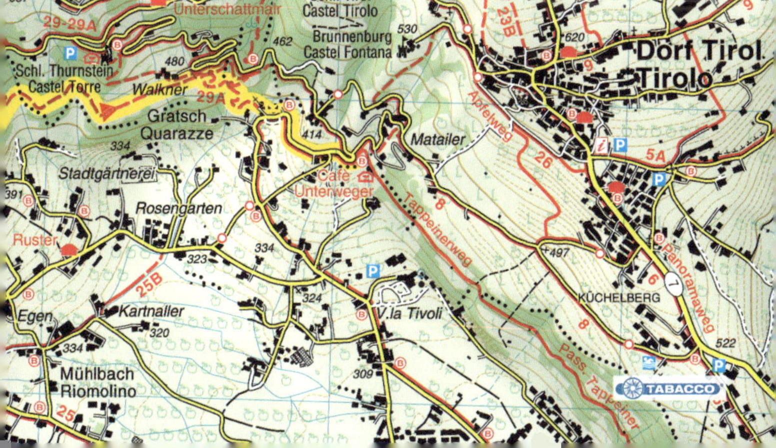

DER LEITER AM WAAL

Der Algunder Waal besteht aus drei Abschnitten, der älteste, der Plarser Waal, wurde bereits 1333, als es um einen Ausbau des Wasserkanals ging, erstmals urkundlich erwähnt. Der Waal ist demnach noch älter. Die Bauleitung wurde dem „Leiter am Waal" übertragen, der die Arbeiten und die Nutzung der Wasserrechte überwachte und in einem kleinen Gebäude am Waal – dem heutigen Wirtshaus – wohnte. Nach mehrmaligem Besitzerwechsel und verschiedenen Ausbauten kam der Leiter am Waal 2017 in den Besitz der Familie Bauer, die ihn seither mit Erfolg und großem Zuspruch der Gäste als Restaurant führt.

breiten Promenadenweg, fast eben südostwärts in Richtung Stadtzentrum Meran. Unmittelbar am Beginn des Tappeinerweges, liegt – nach wenigen Gehminuten – rechts am Weg eine schöne Einkehr, das Café Restaurant Unterweger. Oder aber wir kehren auf dem Waalweg wieder zum Ausgangspunkt Töll zurück.

EINKEHRTIPPS

Leiter am Waal: Familienbetrieb mit guter, verfeinerter Tiroler Küche. Gemütliche Stübchen oder Tische im Freien unter Pergola. Mitterplars 26, Algund, Tel. 0473 448716, www.leiteramwaal.com, Di. Ruhetag.
Café Restaurant Unterweger: Unmittelbar am Beginn des Tappeinerweges. Mittagstisch, am Nachmittag Kaffee, Kuchen, Eis. Tappeinerweg 27, Tel. 0473 220216.
Café Konrad: Von üppiger mediterraner Vegetation umgeben, Terrasse, Imbisse, Kaffee und Kuchen. Vellau 1, Algund, Tel. 0473 448646, Mi. Ruhetag.

INFOS IN KÜRZE

Landschaftlich sehr lohnende Wanderung, auch für Kinder unterhaltsam.
Parkplatz an der Töll, 511 m
leicht
1 h 30 min
keine nennenswerten Anstiege
4,9 km

Von der Staatsstraße bei Töll nach Algund abbiegen, Parkplatz und Bushaltestelle. Für die Rückfahrt: Vom Gasthof Kircher mit dem Bus der Linie 236 bis zur alten Landstraße in Algund, hier bei Haltestelle Krankenhaus umsteigen auf die Linie 213 nach Partschins–Töll.

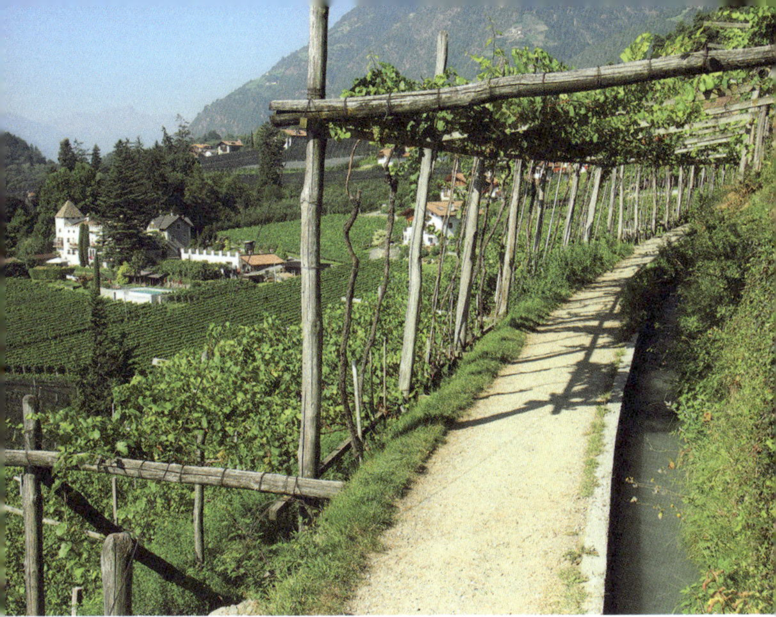

2 Die Meraner Waalrunde

Die Waale, das ausgeklügelte System der Bewässerungskanäle, die vor Jahrhunderten angelegt wurden, um das kostbare Nass aus Bächen, Flüssen und Quellen abzuleiten und zu den Feldern zu führen, wurden nicht nur im regenarmen Vinschgau gebaut. Auch im Meraner Becken sicherten diese Wasserzuleitungen die Bewässerung der Grasflächen, denn bis vor einem Jahrhundert gab es dort noch keine Apfelanlagen, sondern meist Mähwiesen, die auf Trockenperioden empfindlich reagierten. Elf dieser Waalwege und die entsprechenden Verbindungswege im Meraner Großraum wurden zu einer durchgehenden, 80 Kilometer langen Route, der Meraner Waalrunde, zusammengefügt. Sie umrundet das Meraner Becken und den unteren Vinschgau leicht erhöht über dem Talboden auf 400 bis 900 m Meereshöhe.

Die ganze Strecke kann in acht Tagesetappen eingeteilt werden. Wanderlustige Meran-Urlauber können sich jeden Tag ein Stück davon vornehmen und dabei die zahlreichen, am Weg liegenden kulturellen und historischen Sehenswürdigkeiten und Schönheiten der Natur bewundern. Nachfolgend sind die einzelnen Etappen kurz beschrieben, dabei werden die Verbindungswege zwischen den Waalen genauer erklärt, die einzelnen Waale selbst werden im Buch an entsprechender Stelle im Detail vorgestellt.

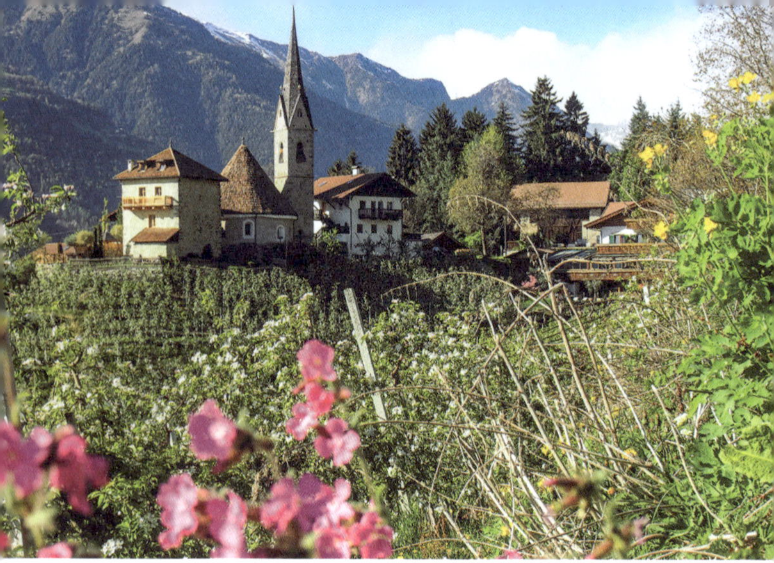

1. Etappe: Töllgraben–Kuens

Ausgangspunkt ist Töll oberhalb von Algund. Der Algunder Waalweg (» S. 93) – einer der schönsten Südtirols – verläuft über 6 Kilometer bis nach Plars. Dann heißt es schwitzen: Wir verlassen den Waalweg, es geht nun links ab, bergauf auf dem Ochsentodweg – nomen est omen! – (Abzweigung in Richtung Vellau) und dann weiter über den Herrschaftsweg oberhalb von Dorf Tirol am Waldrand entlang, unter der Trasse der Seilbahn Hochmuth durch bis zum Gasthaus Tiroler Kreuz, wo der Weg ins Spronser Tal nach Norden abbiegt und allmählich wieder ansteigt. Aus dem Spronser Bach wird das Wasser des Kuenser Waales (» S. 104) abgeleitet, auf dem Waalweg geht es jetzt weiter bis zum Etappenende beim Gasthof Ungericht. Bushaltestelle etwa 10 Gehminuten unterhalb des Gasthofes. Linie 240 Passeiertal-Meran.

5 h 10 min, 14,1 km, 690 Hm

2. Etappe: Kuens–Saltaus

Vom Gasthof Ungericht geht der Weg kurz bergab zum Einstieg in den Riffianer Waalweg (» S. 108). Das Wasser läuft hier zwar unterirdisch, aber die Trasse ist idyllisch und führt an bemoosten Felsen, unter Laubbäumen und zuletzt an Feldern entlang, der Wanderweg taucht oberhalb des Dorfes Riffian in ein Waldstück ein und knüpft dort an den Rösslsteig an, auf dem Wanderer zur Talstation der Hirzerseilbahn an der Passeirer Talstraße kommen. Ein Abstecher nach Riffian zur schönen Wallfahrtskirche lohnt sich auf alle Fälle. Die Bushaltestelle der Line 240 nach Meran ist direkt am Etappenziel in Saltaus.

2 h 15 min, 6,1 km, 205 Hm

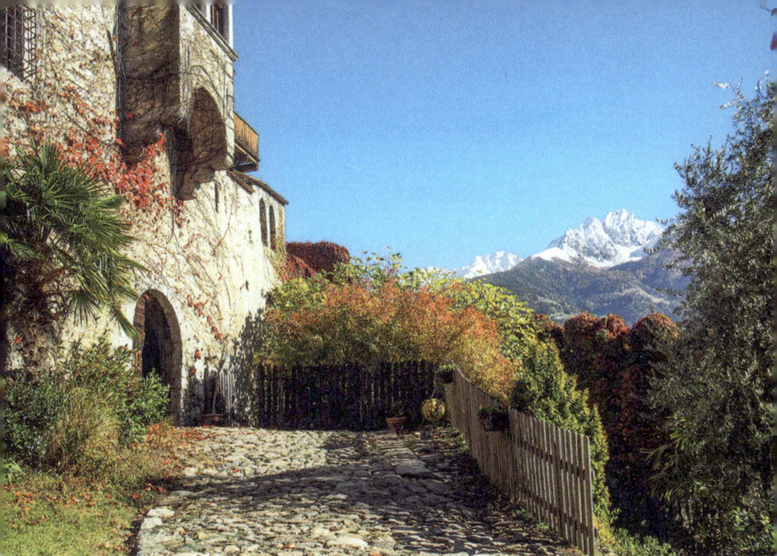

3. Etappe: Saltaus–Naiftal

Vom Parkplatz der Hirzerseilbahn führt der Weg zur Passer, überquert den Fluss und verläuft nun am Maiser Waalweg (» S. 111) entlang talauswärts. Nach 3 Kilometern verlässt der Weg den Wasserlauf, die Wegweiser führen den Wanderer bergauf, zuerst zum Schloss Thurn und dem danebenliegenden Wirtshaus Thurnerhof, dann nach Überquerung der Schenner Straße und einem knackigen Anstieg durch Gärten, Wiesen und Obstanlagen zum Anschluss an den Schenner Waalweg (» S. 118), der sonnig und mit prächtiger Aussicht durch Mischwald und Apfelgärten ins Naiftal in die Nähe der Talstation der Seilbahn Meran 2000 führt.

4 h, 11,6 km, 420 Hm

4. Etappe: Naif–Lana

Dies ist eine Verbindungsetappe, bei der es nicht auf Waalwegen, sondern auf landschaftlich reizvollen Steigen und Güterwegen durch Obstwiesen, Rebgärten und Feldern auf der Ostseite des Meraner Beckens zwischen den Gärten von Schloss Trauttmansdorff hindurch, an Burgen und Schlössern vorbei, in stetem Auf und Ab auf den sonnigen Südosthängen des Meraner Beckens bis nach Burgstall geht. Für die Flachstrecke, die das Etschtal quert und bis Lana, zum Anschluss an die 5. Etappe führt, bietet sich der Linienbus an.

3 h 15 min, 9,9 km, 280 Hm

5. Etappe: Lana–Töll

Diese Etappe führt zuerst vom südwestlichen Ortsrand von Lana bei der Pfarrkirche Niederlana auf den Brandiswaalweg (» S. 124),

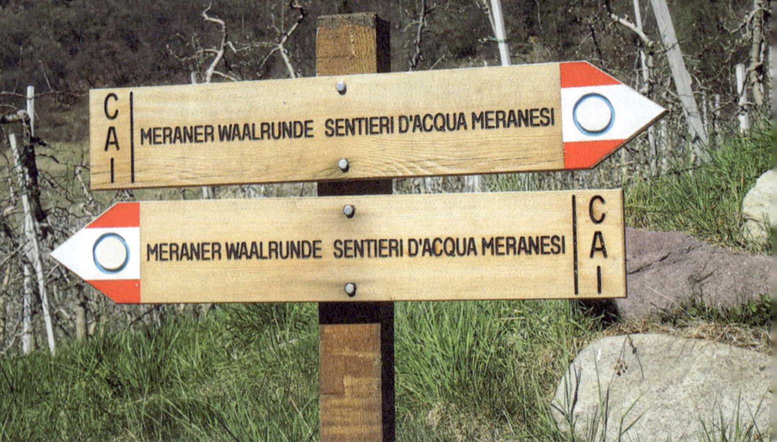

durch Lana, über die Falschauerbrücke und gegenüber dem Busbahnhof leicht ansteigend in Richtung Norden aus der Ortschaft heraus zum Anschluss des Tschermser und später Marlinger Waalwegs (» S. 88), einem der schönsten und meistbegangenen Waalwege Südtirols. Die Wanderung geht bei herrlichem Ausblick auf Meran durch Obstgärten und an Weinbergen vorbei bis zur Töll an der Vinschgauer Straße, hier Bushaltestelle für die Rückfahrt nach Meran der Linie 213 Meran-Partschins.
4 h 30 min, 14 km, 240 Hm

6. Etappe: Töll–Rabland

Diese kurze Etappe führt von der Töll nach Rabland. Auf dem Peter-Mitterhofer-Weg geht es leicht bergauf nach Partschins, weiter auf dem Sagenweg (Markierung 7A) zum Einstieg des Partschinser Waalweges (» S. 84) und auf diesem prächtigen Weg den Sonnenberg entlang bis zur Fassung am Zielbach, der überquert wird und dann auf Markierung 1 dem Bach entlang abwärts zum Winklerhof, rechts ab auf einen Forstweg (Markierung 91) und den kurzen, aber idyllischen Rablander Waalweg (» S. 79). Das Ende dieser Etappe ist das Dörfchen Rabland. Hier Bushaltestelle der Linie 251 oder Bahn für die Rückfahrt nach Meran.
2 h 25 min, 7,6 km, 310 Hm

7. Etappe: Rabland–Naturns

Dieser Abschnitt führt auf schönen Wegen und Steigen vom westlichen Ortsrand, beim Gasthof Happichl, kurz aber steil auf den Sonnenberger Panoramasteig (Markierung 26, später 91) und nun ohne nennenswerten Höhenunterschied in ständigem Auf und Ab über den Pardellbach, später über den Lahnbach, über einen Güterweg, dann auf den Wallburgweg über den Sonnenberg. Der Wallburgweg ist großteils mit dem Naturnser Waalweg (» S. 75) oberhalb von Naturns identisch; dieser Waalweg führt zwar kein Wasser mehr,

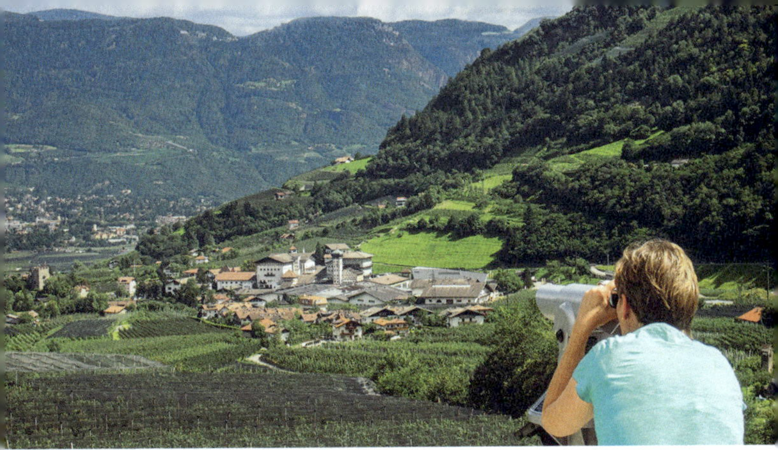

ist aber ungemein abwechslungsreich und eröffnet tolle Ausblicke. Ein kurzer Abstecher zum Wallburgboden bietet einen schönen Blick in die Schlucht des Schnalstales und hinauf zum Schloss Juval, dann bringt uns der Naturlehrpfad (Weg Nr. 10) wieder ins Dorfzentrum von Naturns. Hier Bus der Linie 251 oder Bahn für die Rückfahrt nach Meran.

4 h, 11,9 km, 415 Hm

8. Etappe: Naturns–Töll

Die letzte Etappe führt vom Zentrum von Naturns auf Weg Nr. 5 in südlicher Richtung, wir überqueren die Talsohle in Richtung Nörderberg. Auf diesem Abschnitt begleitet uns kein Wasserwaal. Auf den Themenwegen und dem „Rittersteig" (Markierung 1) geht es nun in leichtem Auf und Ab immer ostwärts durch Wiesen und Wälder, über das Hilbertal zum Alpin-Well-Fit-Parcours bei Plaus und den Peter-Mitterhofer-Weg zum Ziel, dem Beginn des Marlinger Waalweges (S. 88) östlich der Töll. Hier Bus oder Bahn für die Rückfahrt.

4 h, 12,5 km, 275 Hm

INFOS IN KÜRZE

Die Meraner Waalrunde ist durchgehend mit Wegweisern, die ein blauweißes Wassersymbol aufweisen, gekennzeichnet. Eine detaillierte Beschreibung mit Kartenskizzen und Infos zu öffentlichen Verkehrsmitteln, Parkplätzen, Sehenswürdigkeiten am Weg und mehr kann unter www.merano-suedtirol.it (Suchwort: Meraner Waalrunde) heruntergeladen werden. Eine bebilderte Broschüre mit Wanderkarte, Beschreibung der Wege, Liste der Sehenswürdigkeiten und Einkehrmöglichkeiten ist in den Tourismusbüros für ca. 4 € erhältlich. Kontaktdaten der Ferienorte im Meraner Land unter www.merano-suedtirol.it

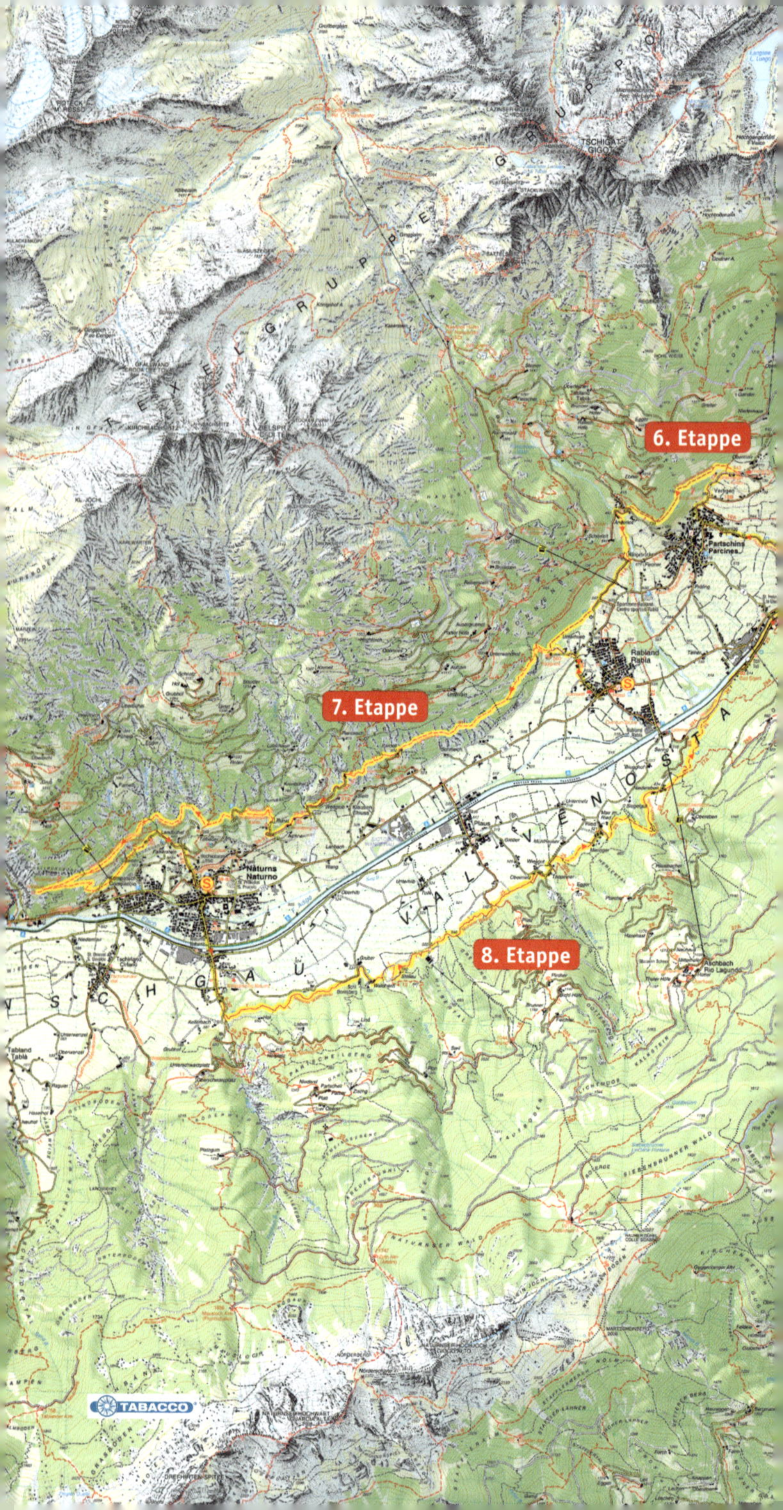

6. Etappe
7. Etappe
8. Etappe
TEXELGRUPPE
GRUPPO
Partschins
Parcines
Rabland
Rabla
Naturns
Naturno
VAL VENOSTA
VINSCHGAU
Tabland
Tablà
TABACCO

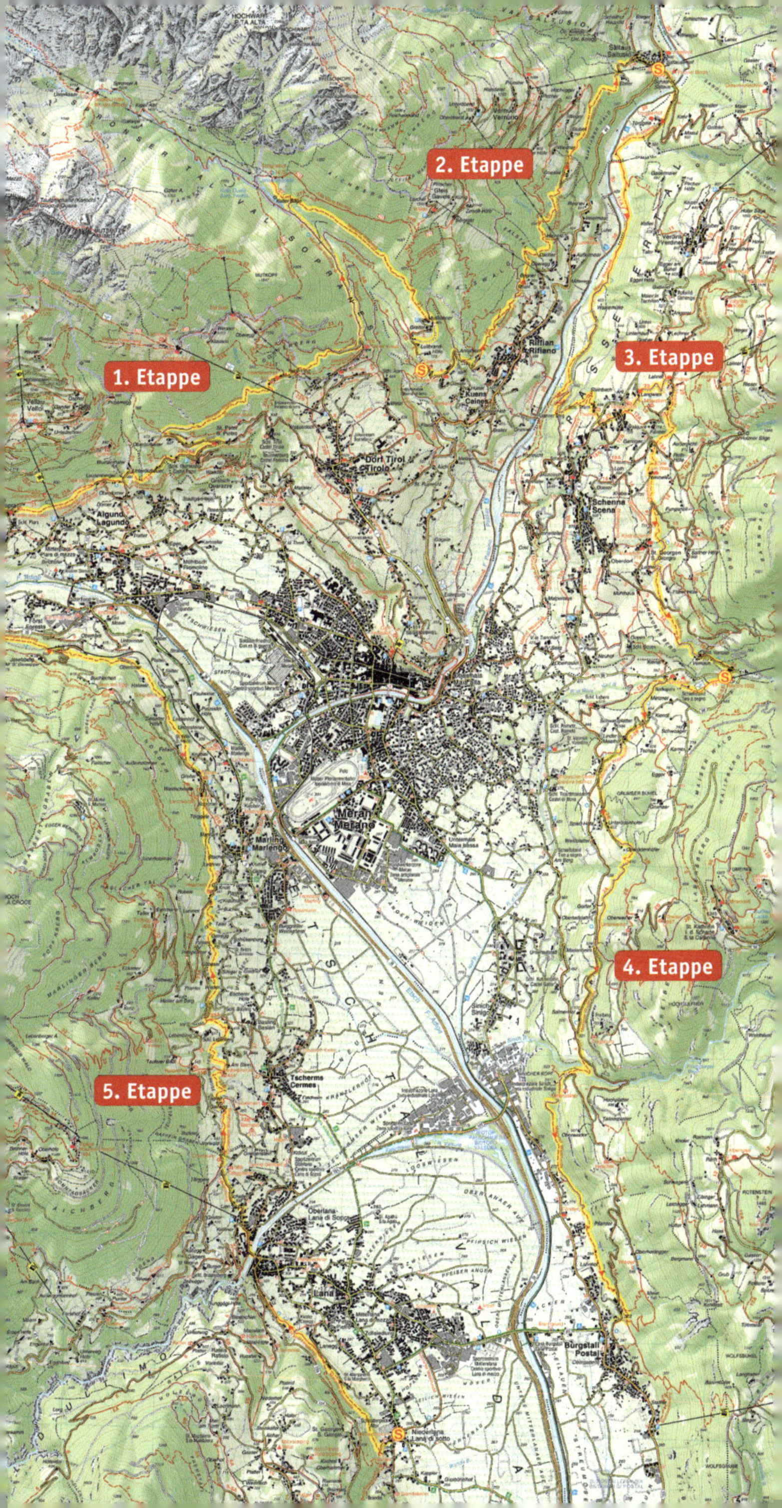
2. Etappe
3. Etappe
1. Etappe
Dorf Tirol
Tirolo
Algund
Lagundo
Riffian
Riffiano
Kuens
Caines
Schenna
Scena
Meran
Merano
Marling
Marlengo
Tscherms
Cermes
4. Etappe
5. Etappe
Lana
Burgstall
Postal

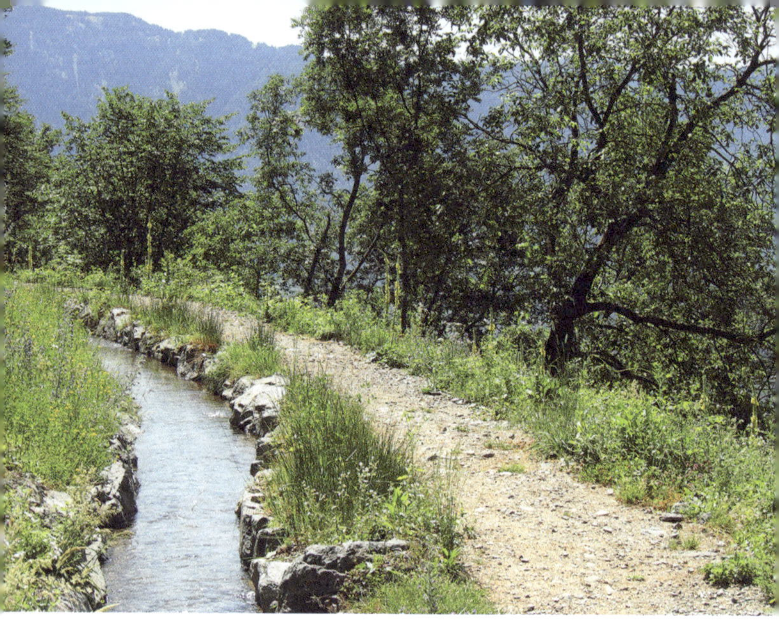

23 Der Kuenser Waalweg

Bei dieser Wanderung wollen wir zwei Waalwege bei Kuens, die zusammen einen angenehmen Rundweg bilden, erkunden. Das Wasser dieser Waale wird vom Finelebach abgeleitet, der seinerseits von den auf über 2.000 m liegenden Spronser Seen in der Texelgruppe gespeist wird. Bei manchen Waalwegen im Vinschgau wurde ein kleines Staubecken, eine „Tschött", als Wasserspeicher angelegt, um im Falle großer Trockenheit auf eine Wasserreserve zurückgreifen zu können. Diese Funktion übernehmen hier die natürlichen Wasseransammlungen der Spronser Seen. Längs des Finelebaches werden mehrere Waale abgeleitet, um die Felder von Dorf Tirol, Riffian und Kuens zu bewässern, außer dem Kuenser Waal wurden alle in Rohre verlegt und verlaufen nun unterirdisch. Unsere Rundwanderung führt durch eine idyllische und trotz der Nähe zu Meran einigermaßen unberührte Landschaft, aufgrund der Höhenlage – die Fassung des Tragwaales liegt auf ca. 1.000 m Höhe – ist diese Tour eine gute Wahl, um der drückenden Sommerhitze im Tal zu entfliehen.

Entgegen den üblichen Empfehlungen steigen wir nicht über den Kuenser Waal auf und den Unteren Waal ab, sondern machen die Rundwanderung im Uhrzeigersinn; auf diese Weise begleitet uns das murmelnde und rauschende Waalwasser auf dem Rückweg in Fließrichtung und wir genießen die prächtige Aussicht über das Meraner

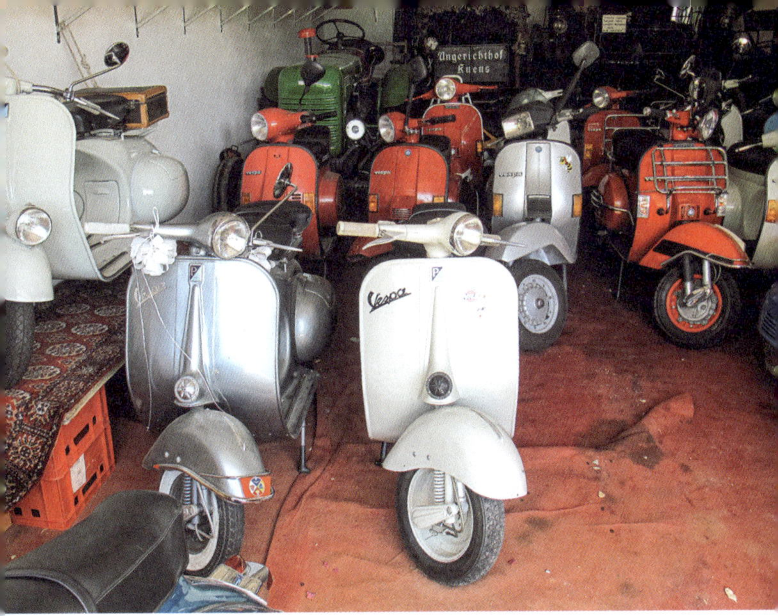

Becken und das Etschtal in Gehrichtung. Wir fahren nach Kuens bis zum Ungerichthof und benutzen dort – mit dem Versprechen, auf dem Rückweg einzukehren – den Parkplatz, der eigentlich den Hausgästen vorbehalten ist. Der Weg geht jetzt auf einer Asphaltstraße bergauf, nach 10 Minuten folgen wir links den Wegweisern „Meraner Waalrunde" und „Unterer Waalweg" (nicht zum Tiroler Kreuz!) und gehen durch eine Öffnung der Leitplanken auf den Waldsteig. Dieser

DER UNGERICHTHOF

Die Einkehr beim stattlichen Obst- und Weinhof, bereits 1317 urkundlich erwähnt, lohnt sich nicht nur wegen der guten Hausmannskost und der schönen Aussicht, er wartet auch mit verschiedenen Attraktionen auf: Neben der Gastwirtschaft mit den alten, getäfelten Gaststuben und der Sonnenterrasse ist in den Nebengebäuden ein Museum für alte Traktoren untergebracht, der ganze Stolz des Seniors Franz Laimer-Pixner. Schmuckstücke sind die rund 40 roten Porschetraktoren, einst Statussymbol der Bauern. Sehenswert ist auch die Ausstellung von 15 alten Vespa-Motorrollern. Frau Laimer-Pixner zeigt eine Sammlung wertvoller antiker Schildkrötpuppen. Kinder freuen sich über den großen Spielplatz und die vielen Haustiere, darunter Haflinger-Pferde, Schweine, Ponys, Ziegen, Esel und die Voliere mit Pfauen und Hühnern. Für Gäste wird sogar ein Begleitdienst zum nächsten öffentlichen Bus angeboten.

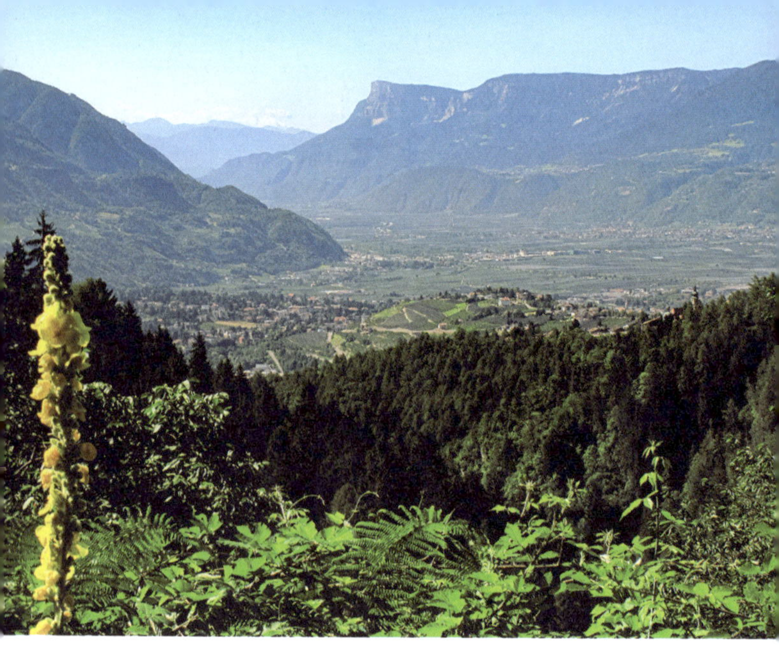

Waalweg führt zwar kein Wasser, aber die Trassenführung geht angenehm eben durch Mischwald mit schöner Aussicht zum Finelebach, überquert ihn auf einer Holzbrücke und mündet wenig später in den breiten Güterweg, der uns, mit Nr. 6 markiert, mit konstanter, mäßiger Steigung taleinwärts bringt. Am Aufstiegsweg finden wir Quellen, Wegkreuze, Ruhebänke, Erinnerungstafeln an den Aufenthalt berühmter Persönlichkeiten und eine Abzweigung auf den Meraner Höhenweg. An einer Weggabelung biegen wir rechts zum Gasthof Longfall (1.086 m, bis hierher 1 Stunde 40 Minuten) ab, der einsam auf weiten Wiesen am Fuße steiler Felswände liegt. Nach kurzer Rast steigen wir auf einem Steig (Nr. 27) bis zum Kuenser Waalweg, auch Oberer Waalweg genannt, ab. Dieser Waalweg ist einer der schönsten des Landes, er führt viel Wasser, zieht sich durch abwechslungsreiches Gelände

DER KUENSER WAAL

Er ist einer der ältesten im Lande und wurde 1386 an Stelle eines noch älteren, durch eine Mure verschütteten Waales erbaut. Ein Holzschild an seiner Mündung erzählt davon. Oberhalb des Mutlechnerhofes verschwindet der Waal in Rohrleitungen, weiter tiefer verlaufen diese Rohre im alten Riffianer Waal und bilden das Fundament dieses beliebten Wanderweges, der Kuens mit Riffian verbindet. Das Wasser dient heute noch der Bewässerung der Riffianer Felder.

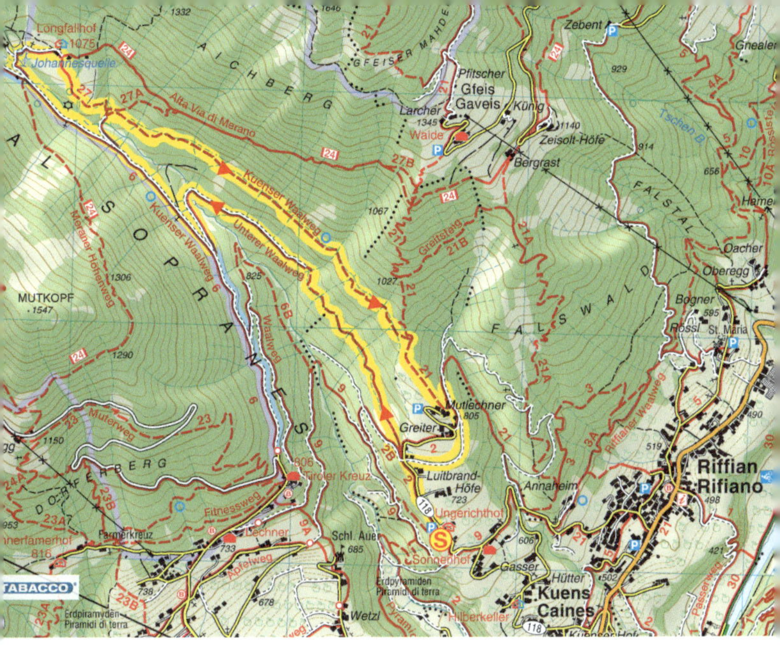

mit Felsen, Wald- und Wiesenstücken bis zu den Feldern oberhalb von Kuens hin. Der Begleitweg wurde mustergültig renoviert und ist sicher und breit. Nach einem kurzen Wegstück durch den Wald senkt sich der Steig zum Mutlechnerhof, hat kurz danach Anschluss an den Aufstiegsweg und endet schließlich beim Ungerichthof.

EINKEHRTIPPS

Gasthof Longfall: Einfaches Bauerngasthaus. Spronserweg 1, Dorf Tirol, Tel. 0473 923674 oder 338 4750672, Fr. Ruhetag.
Ungerichthof: Kuenser Straße 55, Kuens, Tel. 0473 241112, www.ungerichthof.it, Mo. Ruhetag, Feb. geschlossen.

INFOS IN KÜRZE

Wegen der Höhenlage auch im Sommer geeignet.
Kuens, Ungerichthof, 700 m
einfach, aber vom Parkplatz bis Gasthaus Longfall mäßiger Anstieg
3 h 10 min
380 Höhenmeter

8 km
Von Meran Richtung Jaufenpass, kurz vor Riffian von der Passeirer Talstraße nach Kuens abbiegen, 1,3 km bis zum Parkplatz am Hof.
Bus bis Kuens, Haltestelle Ungerichthof

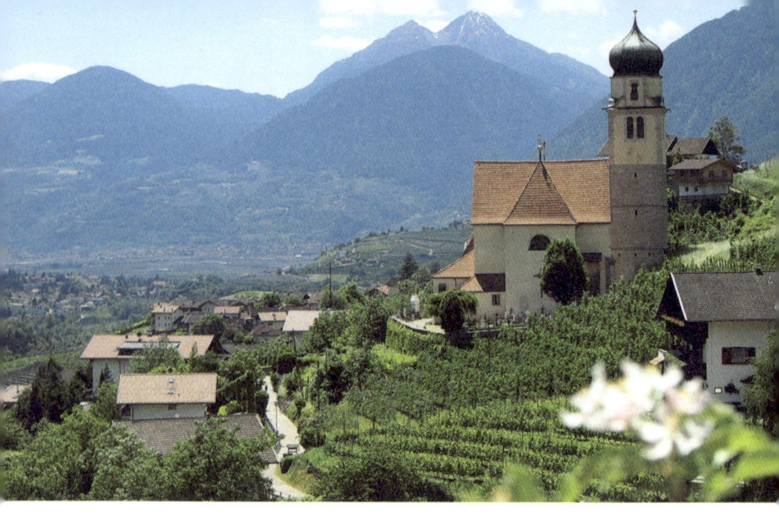

24 Der Riffianer Waalweg

Wo sich der Meraner Talkessel gegen Norden langsam verengt und sich die letzten Rebzeilen an den sonnigen Hängen entlangziehen, liegt am Eingang zum Passeiertal Riffian, ein Marienwallfahrtsort und beliebtes Ferienziel im Meraner Einzugsgebiet. Oberhalb des Dorfes zieht sich der Riffianer Waalweg den Talhang entlang bis zum Nachbardorf Kuens hin. Die Verbindung mit einem etwas tiefer gelegenen Feldweg ergibt eine abwechslungsreiche Rundtour.

Der Riffianer Waalweg wird seinem Namen nur teilweise gerecht, da er nicht mehr an einem offenen Wasserkanal entlangführt. Das Wasser für den rund 3,5 km langen Waal wird auf etwa 1.000 m im Spronser Tal vom Finelebach abgeleitet. Der erste Abschnitt führt offen als Kuenser Waal bis zur Greitermühle, ab Kuens wurde der wasserführende Kanal durch eine unterirdische Rohrleitung ersetzt und das Wasser zur Bewässerung der Felder verwendet. Bis Riffian verläuft auf dem nun verrohrten Waal der Riffianer Waalweg, in rund 600 m Höhe quert er schönen Mischwald, steile Hänge, führt an felsigen Stellen vorbei, flankiert Apfelanlagen und gewährt dabei immer wieder herrliche Ausblicke auf das Passeiertal und Riffian, das gegenüberliegende sonnenverwöhnte Schenna und die Gipfel von Ifinger und Hirzer.
Vom Parkplatz in Riffian gehen wir auf der Hauptstraße zum Hotel Kreuz, folgen dort dem Schild „Besinnungsweg“, biegen nach wenigen Schritten links, beim Haus der Sprengeldienste und dem Gemeindearzt, in den Valtmaunweg ab und wandern nun zwischen den Häusern und Apfelanlagen teils auf Feldwegen oder kaum befahrenen Zufahrtsstraßen talauswärts in Richtung Kuens. Wir kommen

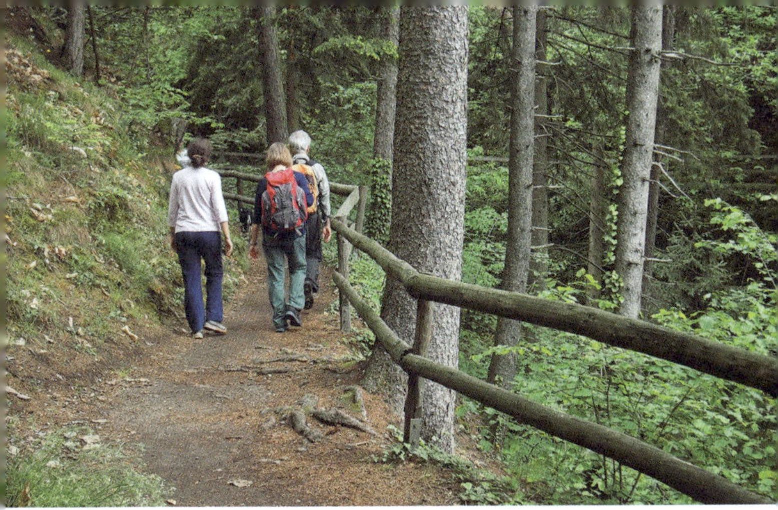

am Waldrand in das Valtmauntal, folgen der Zufahrtsstraße nach Kuens bis zur Einkehr Hilberkeller kurz aufwärts, gehen an der gotischen Kuenser Kirche, die abseits des Dorfes steht, vorbei, nehmen die Abzweigung des Hochbühlweges und biegen hier rechts in den ausgeschilderten Waalweg ein („Wallfahrtskirche", „Waalweg"). Nach dem Ferienhaus „Appartement Waalweg" taucht der Weg in Mischwald ein und verläuft angenehm eben taleinwärts. In Sichtweite der

DIE WALLFAHRTSKIRCHE ZU DEN SIEBEN SCHMERZEN MARIENS

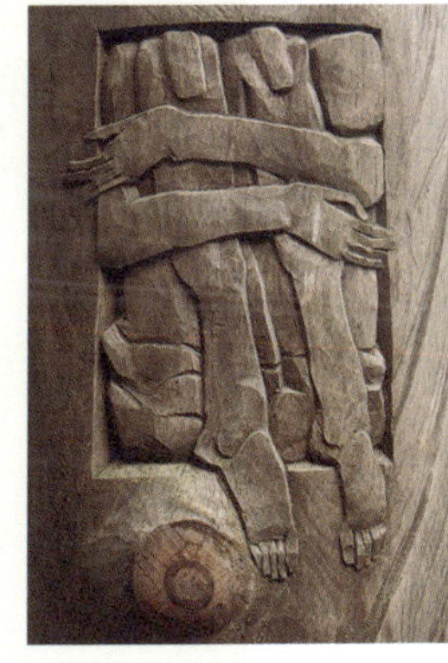

Riffian zählt zu den ältesten Wallfahrtsorten Südtirols. Laut einer Legende entdeckte ein Bauer im Flussbett der Passer das nun hochverehrte Gnadenbild der schmerzhaften Gottesmutter, das am prunkvollen Hochaltar eingebaut wurde. Weitere Kunstschätze zieren die Kirche: eine Kreuzesdarstellung, ein marmorner Taufstein, Deckenfresken, bunte Glasfenster, der Grabstein eines Churer Bischofs u. a. Die nahe Friedhofskapelle birgt bedeutende gotische Fresken von Meister Wenzeslaus aus dem frühen 15. Jh. Sie zeigen u. a. den Mannaregen, musizierende Engel, das Goldene Kalb, die Kreuztragung, die Anbetung der Könige und die Flucht nach Ägypten. Entlang des Waalweges wurde ein Besinnungsweg angelegt: Sieben Holzstelen des in München wirkenden Südtiroler Künstlers Hartmut Hintner nehmen das Thema der Sieben Schmerzen Mariens auf und übersetzen es in unsere Zeit.

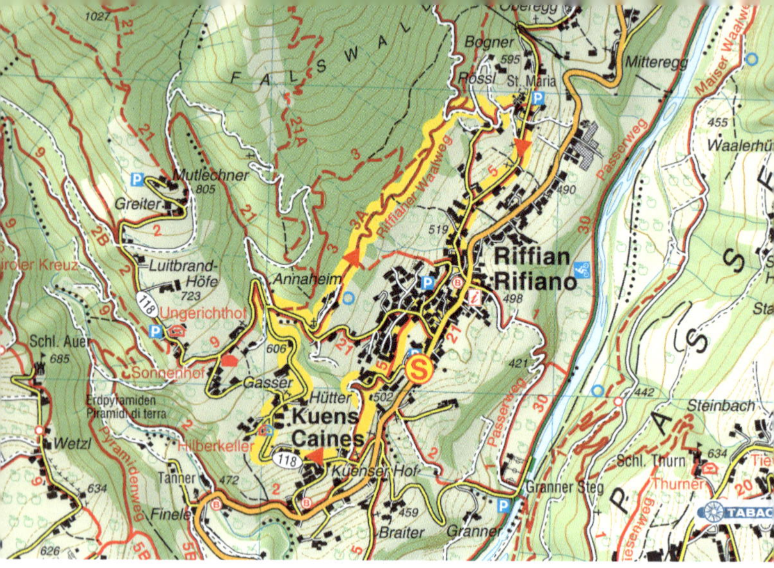

Wallfahrtskirche zweigen wir rechts ab („Wallfahrtskirche Riffian"). Die Kirchenbesichtigung ist für jeden Kunstinteressierten ein Muss! Anschließend steigen wir zur Hauptstraße ab, in wenigen Minuten sind wir dann wieder am Ausgangspunkt angelangt.

EINKEHRTIPP

Restaurant Hilberkeller: Gemütliches, großes Ausflugsgasthaus mit Gastgarten, rustikalem Kellerlokal, Kinderspielplatz. Salate, Nudel- und Grillgerichte. Kuenserstraße 23, Kuens, Tel. 0473 240051, www.hilberkeller.eu, Di. Ruhetag

Restaurant Weinberg: Restaurant-Café mit großer Terrasse und beeindruckender Aussicht sowie Blumenpracht ums Haus. Auf dem Weg von der Wallfahrtskirche zum Parkplatz. Kirchweg 20, Riffian, Tel. 0473 241133, www.pension-weinberg.it, Di. Ruhetag

INFOS IN KÜRZE

Die Wanderung ist das ganze Jahr über möglich, auch im Winter bei Schneefreiheit.

Riffian, 510 m

einfach, nur zwischen Riffian und Kuens etwas Anstieg

2 h

230 Höhenmeter

5,6 km

Von Meran Richtung Jaufenpass bis Riffian, bald nach dem Dorfeingang Parkplatz links oberhalb der Straße.

Bus bis Riffian

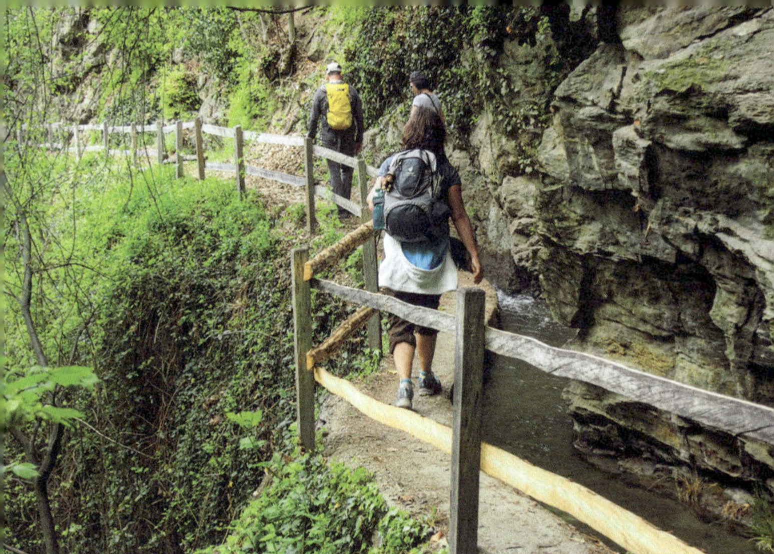

25 Der Maiser Waalweg

Eigentlich sollte dieser Weg Passer- und nicht Maiser Waalweg heißen, denn der Waal bringt das Wasser der Passer über weite Strecken aus dem Passeiertal bis zu den Feldern vor den Toren Merans, nur ein kurzer Streckenteil verläuft im Obermaiser Stadtgebiet. Die Wasserfassung ist bei Saltaus an der Passer, unterhalb des stattlichen, in ein feudales Hotel umfunktionierten Schildhofes. Der erste Teil verläuft noch im Talgrund, dann bleiben langsam die rauschende Passer und die Apfelanlagen unter uns, der Waal und der gut ausgebaute Begleitsteig gewinnen auf der linken Talflanke stetig an Höhe.

Der Waal schlängelt sich durch schattigen Laubwald, durch Obstwiesen und am Unterlauf auch durch Weinberge bis nach Obermais, mit 8,5 km ist er einer der längsten des Landes. Am Stadtrand von Meran führt er an Häusern und Gärten vorüber, wird von Zäunen begleitet, ist teilweise verrohrt sowie größtenteils ohne Begleitsteig und läuft in der Nähe von Schloss Trauttmansdorff aus. Wir folgen ihm aber nicht bis dorthin, sondern steigen von Schloss Planta nach Obermais und zur Bushaltestelle an der Straße ins Passeiertal ab.
Wir beginnen die Wanderung am Parkplatz an der Talstation der Hirzerseilbahn, gehen die wenigen Schritte zur Passer hinab (hier Wegweiser „Meraner Waalrunde"), überqueren den Fluss und folgen der Zufahrtsstraße rechts zum Torgglerhof, einem Hotel-Restaurant in Sichtweite. Die Einkehrmöglichkeiten am Weg sind dünn gesät, Grund genug, eine Jause in den Rucksack zu packen und unterwegs

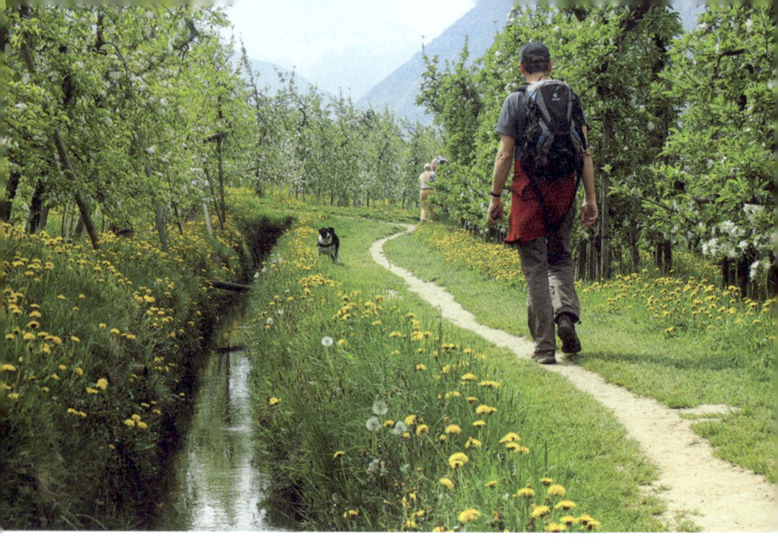

an einem der vielen Rastplätze gemütlich Halt zu machen. Neben der Straße, die sich bald zu einem Steig verengt, verläuft bereits der Waal, der uns bis nach Meran begleiten wird. Der äußerst abwechslungsreiche Weg geht durch Apfelanlagen, Wiesen, Waldstücke, überquert Bäche, läuft auf Stegen und durch Geländer geschützt an Felswänden entlang und gibt immer wieder schöne Ausblicke auf die gegenüberliegende Talflanke und die Dörfer Riffian, Kuens und Dorf Tirol frei. Am Weg liegen auch Wein- und Obsthöfe wie der Sonnwendhof. Er ist teilweise von Weinreben überdacht, von denen im Spätsommer üppige Trauben hängen. Das letzte Stück des

DER MAISER WAAL

Am Mittellauf des Waales steht ein Häuschen, auch läutet dort eine wasserbetriebene Waalschelle. Hier wohnte einst der Waaler, früher Waalhirt genannt, da er den Waal hütete oder behütete. Er hatte die Pflicht, regelmäßig die gesamte Strecke abzugehen, die Rechen zu reinigen, für einen regelmäßigen Durchfluss zu sorgen und bei Gewitter das Wasser abzukehren, um eine Versandung des Waales oder gar einen Wasserausbruch zu verhindern. Wie uns eine geschnitzte Holztafel beim Waalerhäuschen erläutert, geht der Bau auf das Jahr 1462 zurück. Damals genehmigte der Landesfürst Erzherzog Sigmund den Bau des Kanals, der zur Bewässerung der Obermaiser Felder diente und auch heute noch das Wasser dafür liefert. Entlang des Waales, der von einer Interessentschaft geführt wird und offiziell „Obermaiser Neuwaal“ heißt, dürfen etwa 75 Bauern in einer festgelegten Reihenfolge, der „Road“, das Wasser entnehmen.

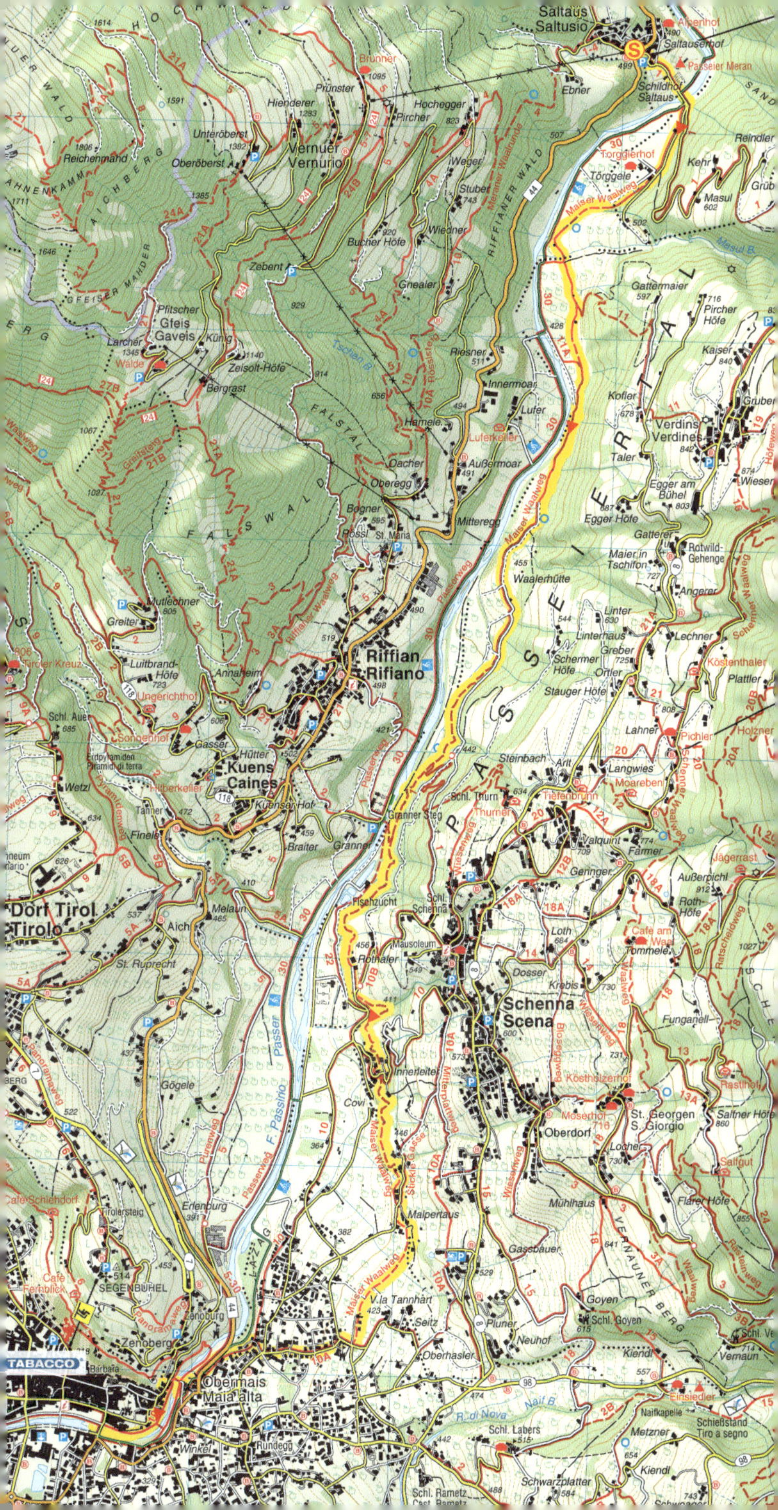

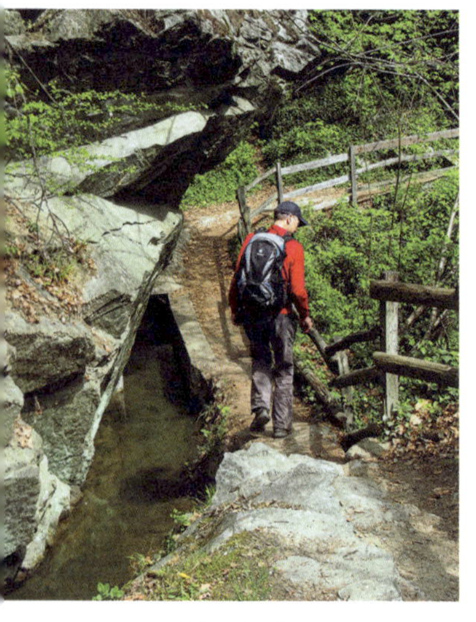

gut markierten Waalwegs führt durch Apfelwiesen, mit Blick über das Meraner Becken, entlang des mit Natursteinen ausgemauerten Kanals und einem schönen Wiesensteig bis zur altehrwürdigen Anlage von Schloss Planta. An seinem runden, wehrhaften Eckturm geht der Steig rechts in eine asphaltierte Straße über. Wegen der Länge der Wegstrecke und der Beschaffenheit des Geländes ist kein Rundweg möglich; so wandern wir die Schönblickstraße bergab, stoßen auf den Lazagsteig, folgen den Wegweisern Nr. 10 und überqueren die Passeirer Staatsstraße. Nun tauchen wir noch ein wenig in das Flair der Kurstadt Meran ein, gehen auf dem Steinernen Steg über die Passer und folgen der Promenade bis zur Postbrücke. Der Bus bringt uns nach Saltaus zurück.

EINKEHRTIPPS

Ofenbaur drink & eat: Auf halber Strecke, Bar Café und Bistro, Südtiroler Spezialitäten, auch Vegetarisches. Leiterweg, 20, Schenna, Tel. 334 7315104, www.ofenbaur.com, Do. Ruhetag.
Hotel Restaurant Torgglerhof: In Saltaus, am Beginn des Weges. Die Küche ist ganz auf Apfel-Gerichte ausgerichtet. Saltaus 19, St. Martin in Passeier, Tel. 0473 645433, www.apfelhotel.com
Radlstadl: Nahe der Seilbahnstation Hirzer, am Beginn des Waalweges. Jausen, Eis, Kuchen und Kaffee. Jaufenstraße 170, Riffian (nahe Saltaus), Tel. 0473 868038, www.campingsaltaus.it

INFOS IN KÜRZE

Lang, abwechslungsreich, keine Rundwanderung, problemlose Rückkehr mit dem Bus, Busabfahrt der Linie 240 Meran–St. Leonhard/Passeier im 30-Minuten-Takt.
Saltaus, 550 m
einfach

3 h 10 min
keine Anstiege
9,6 km, davon 8,5 km offener Waal
Von Meran Richtung St. Leonhard/Passeier bis Saltaus, kostenloser Parkplatz an der Talstation der Hirzerseilbahn.
Bus bis Saltaus

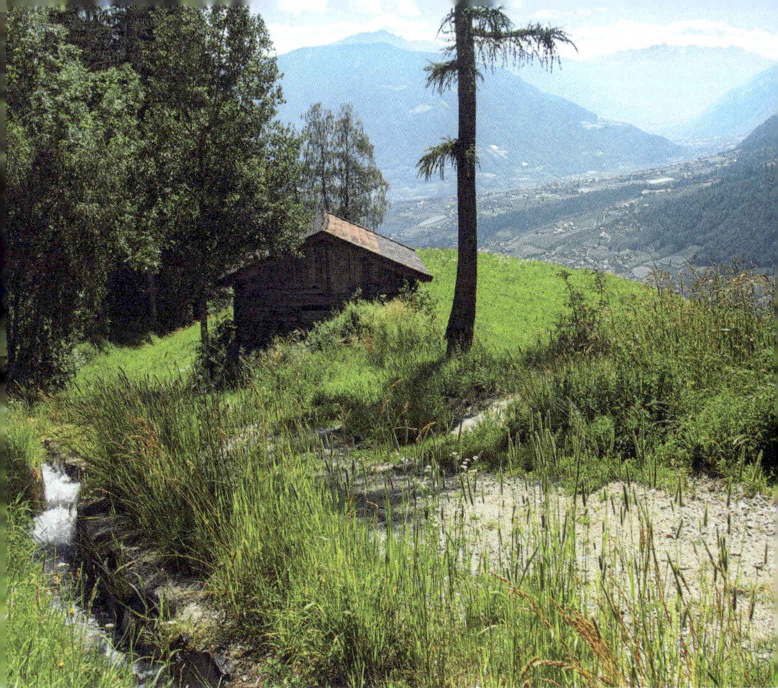

26 Der Verdinser Waalweg

Im Rücken von Schenna steigen die markanten Zwillingsberge von Ifinger und Hirzer auf. Zu ihren Füßen liegt auf dem Sonnenbalkon der vielbesuchte Ferienort Schenna, umgeben von Obst- und Weingärten. Die beiden Gipfel werden durch den Einschnitt der Masulschlucht getrennt, der Masulbach speist einen der längsten Waale Südtirols, den Verdinser und Schenner Waal. Wir teilen den Waalweg, der ihn begleitet, in zwei Abschnitte, somit ergeben sich zwei getrennte Rundwege, jeweils Tagesausflüge. Dieser Ausflug beschreibt den Oberlauf, von der Waalerhütte, der urigen Einkehr am Beginn des Waalweges, bis zur Talstation der Taser-Seilbahn, wo der zweite Teil beginnt, der Schenner Waal (» siehe Wanderung Nr. 27, S. 118). Der Verdinser Waalweg zählt zu den schönsten und ursprünglichsten im Land, wir kombinieren ihn mit einer Seilbahnfahrt und anderen Wanderwegen zu einem überaus lohnenden und abwechslungsreichen Rundweg.

Wir beginnen unseren Ausflug bei der Talstation der Taser-Seilbahn, im Sommer verkehrt die Bahn in kurzen Taktzeiten, bezahlt wird an der Bergstation. Bereits die Bahnfahrt ist ein Erlebnis, je höher wir

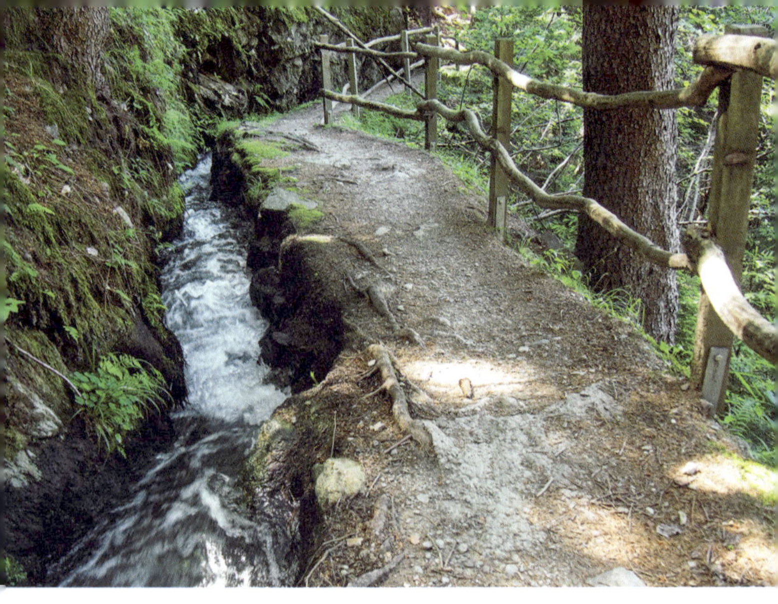

steigen, desto weiter wird der Horizont, die Aussicht ist spektakulär! Von der Bergstation wandern wir eben nordwärts am Hotel und an der kleinen Kapelle vorbei. Es geht in einen schönen Wald, zuerst auf breitem Waldweg, später auf einem Steig, abwechslungsreich (Weg Nr. 40) bis zum Masulbach, den wir überqueren. Kurz vor der Masulschlucht böte sich ein kurzer Abstecher zur Streitweider Alm an, wir ziehen es aber vor, abzusteigen, unsere Einkehrziel ist die Waalerhütte. Von der Brücke am Bach geht es bergab (Nr. 19), zuerst auf einem kurzen Stück auf steiler Betonstraße, dann über einen breiten Waldweg. Wir queren wieder den Masulbach, auf der gegenüberliegenden Talseite liegen in extremer Steillage die Streuhöfe von Videgg. Wir verlassen den breiten Weg nach Verdins (Achtung, die beschilderte Abzweigung nach rechts in einer Kehre nicht verpassen!) und biegen auf einen Waldsteig ein, der zuerst in Kehren und dann ein letztes kurzes Stück – die Waalschelle bei der Waalerhütte ist bereits hörbar – über Wurzeln und Waldboden zur Einkehr führt. Die gut besuchte Hütte liegt romantisch im Wald versteckt, jedes mögliche Plätzchen ist für kleine Terrassen und Balkone genutzt. Hier treffen sich Touristen und Einheimische, es wird gegessen, getrunken, gelacht, Karten gespielt. An dieser Stelle beginnt nun der offene Waal, von der Fassung im Bach bis hierher verläuft das Wasser in einem mehrere Kilometer langen Tunnel. Den Waal entlang geht es nun auf Verdins zu, zuerst durch Wald, dann über freie Wiesen mit prächtigem Ausblick auf das Meraner Becken und den Vinschgau. Auf den letzten Wegstücken verschwindet der Waal wieder in Rohren unter der Erde, es geht teils auf der Straße, auf dem Gehsteig oder auf einem Waldsteig bergab zum Ausgangs-

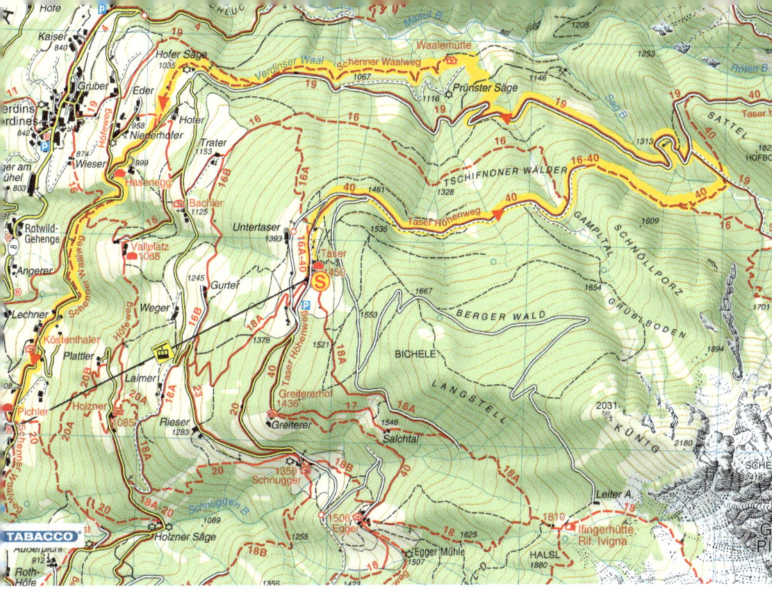

punkt an der Talstation der Seilbahn, wo beim Ausflugsgasthaus Pichler noch eine letzte Einkehr lockt.

EINKEHRTIPPS

Taser: Almhotel und Berggasthaus. Die Hotelsiedlung neben der Bergstation der Seilbahn bietet für Wanderer und Tagesgäste ein Cafè-Restaurant. Schennaberg 25, Schenna, Tel. 0473 945615. www.taseralm.com, Fr. Ruhetag.
Waalerhütte: Uriger Holzbau im Wald mit mehreren Terrassen und einer überdachten Veranda. Bäuerliche Hausmannskost. Verdins 6, Schenna. Tel. 0473 949599, Fr. Ruhetag.
Pichler: An der Talstation der Taser-Seilbahn. Pichlerstraße 32, Schenna, Tel. 0473 945614, www.hotelpichler.com, Di. Ruhetag.

INFOS IN KÜRZE

Wegen der Höhenlage und den Teilstücken im Wald ideale Sommerwanderung.
Parkplatz in Schenna an der Talstation der Taser-Seilbahn.
mittel, kurzes, steiles und holpriges Verbindungsstück vom Forstweg zur Waalerhütte.

3 h 10 min
725 Hm im Abstieg
9,6 km
Mit dem Pkw bis zur Talstation der Taser-Seilbahn, hier Parkplätze.
Bus 231 bis Verdins (Schenna), Seilbahn Taser

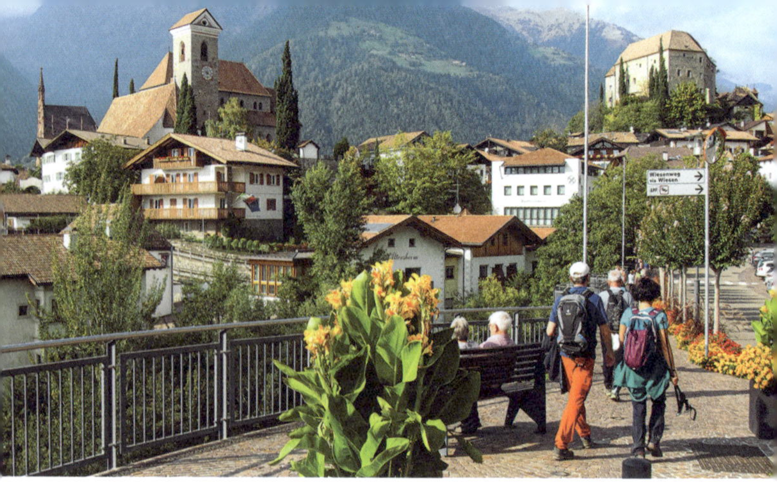

27 Der Schenner Waalweg

Das Wasser für den Schenner Waal kommt aus der unzugänglichen, felsigen Masulschlucht nördlich von Schenna. Der Waalabschnitt, der von der Talstation der Taser-Seilbahn beim Gasthof-Hotel Pichler die Sonnenhänge oberhalb von Schenna quert und deshalb Schenner Waalweg heißt, ist einer der meistbegangenen Waalwege im Meraner Raum, nicht zuletzt wegen der herrlichen Aussicht.

Wir starten im Zentrum von Schenna, am Rathaus, und folgen den Hinweisschildern Nr. 18, „Schenner Waalweg" dem Bach entlang. Wir überqueren die Autostraße nach Verdins, kommen am Gasthaus Tiefenbrunn vorbei und folgen bei einer Wegteilung Weg Nr. 20 durch Wiesen und Obstanlagen, teilweise stramm bergauf zur Bergstation der Seilbahn Taser. Wir haben die Höhe erreicht, hier ist der Einstieg zum Waalweg (ab Dorf eine knappe Stunde). Das Wasser läuft offen im gemauerten Kanal durch ein Waldstück bis zum Schnuggengraben, einem felsigen Taleinschnitt, der mit Treppen überwunden wird, während das Waalwasser daneben durch steile Rinnen schießt. Ein festes Geländer sichert den Wegabschnitt. Der Steig schlängelt sich weiter durch dunklen Fichtenwald, trifft immer wieder auf Lichtungen, führt an Feldern und Apfelanlagen vorbei und erreicht das Café am Waal neben dem Brunjaunhof (Einkehr). Oberhalb des Kirchleins St. Georgen bieten Bänke Platz für Muße und zum Bestaunen des Panoramas. Der Waal verläuft nun in betonierten offenen Rinnen und im letzten Stück in Rohren, die Wegweiser (Nr. 3 und 18) leiten uns durch Obstwiesen zum Schloss Gojen. Auf Asphalt geht es über den Gojenweg (Nr. 15) zur Landesstraße nach Schenna. Wir überqueren sie, gehen am Gehsteig wenige

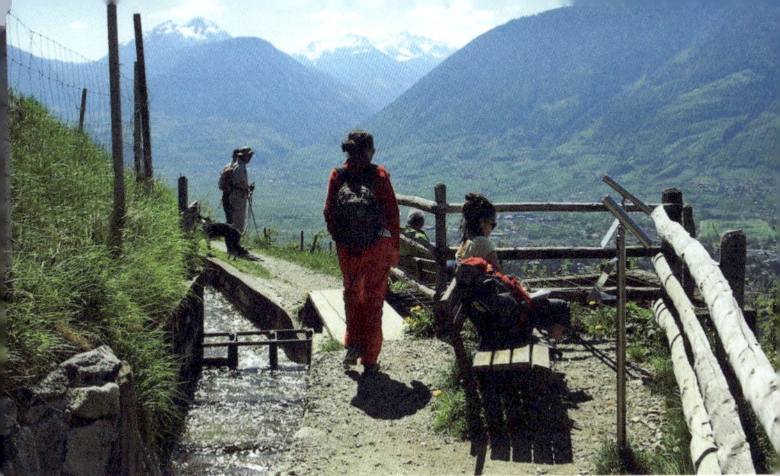

Minuten bergab (Richtung Meran) bis zum Einstieg in den Mitterplattweg und wandern der Promenade entlang mit prächtiger Aussicht nach Schenna zurück.

EINKEHRTIPPS

Jausenstation Café am Waal: Modernes Ausflugsgasthaus neben dem Brunjaunhof. Pichlerstraße 19, Schenna, Tel. 338 2852984, www.cafeamwaal.it, Sa. Ruhetag.
Hotel Restaurant Pichler: Café und Restaurant neben der Talstation der Taser-Seilbahn, Pichlerstr. 32, Schenna, Tel. 0473 945614, www.hotelpichler.com, Di. Ruhetag.

SCHLOSS SCHENNA

Schenna wird vom stattlichen gleichnamigen Schloss überragt. Mitte des 14. Jh. erbaut, wechselten sich Tiroler Adelsfamilien als Besitzer ab, bis 1845 Erzherzog Johann von Österreich, ein Spross des Kaiserhauses, die Anlage in prächtiger Aussichtsposition kaufte. Seine Nachkommen, die Grafen von Meran, bewirtschaften den Besitz auch heute noch. Ein kleiner Trakt der Anlage wird privat genutzt, der Rest ist Museum. In unmittelbarer Nähe steht ein auffälliges neugotisches Gebäude aus rotem Sandstein, eines der seltenen Gesamtkunstwerke des Historismus in Südtirol. Es ist ein Mausoleum, der Erzherzog und seine Familie sind hier begraben. Oft führt Franz Graf von Spiegelfeld persönlich die Besucher durch die herrschaftlichen Schlossgemächer. Besichtigung nur mit Führung, Infos: Tel. 0473 945630, www.schloss-schenna.com. Karwoche bis Allerheiligen, Führungen Di.–Fr. 11.30 und 15 Uhr, Mo. und Do. 21 Uhr.

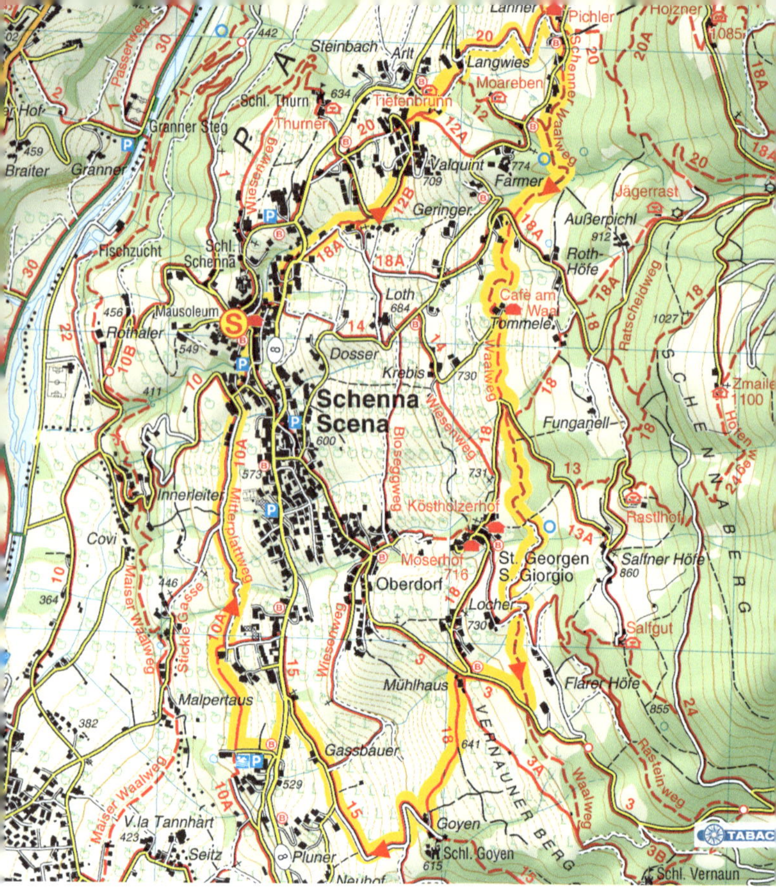

Restaurant und Pizzeria am Freibad von Schenna: Frei zugänglich, spektakuläre Panoramaterrasse, an der Landesstraße gelegen. Alte Straße 12, Schenna, Tel. 327 2299690

INFOS IN KÜRZE

Landschaftlich sehr lohnende Rundwanderung, auch für Kinder unterhaltsam.

Schenna, Ortszentrum, 575 m

mittlere Schwierigkeit, leichte An- und Abstiege

3 h

320 Höhenmeter

8,7 km

Von der Mebo-Ausfahrt Meran Süd-Lana, nach Schenna, in Schenna Parkplatz (gebührenpflichtig) im Zentrum.

Bus bis Schenna

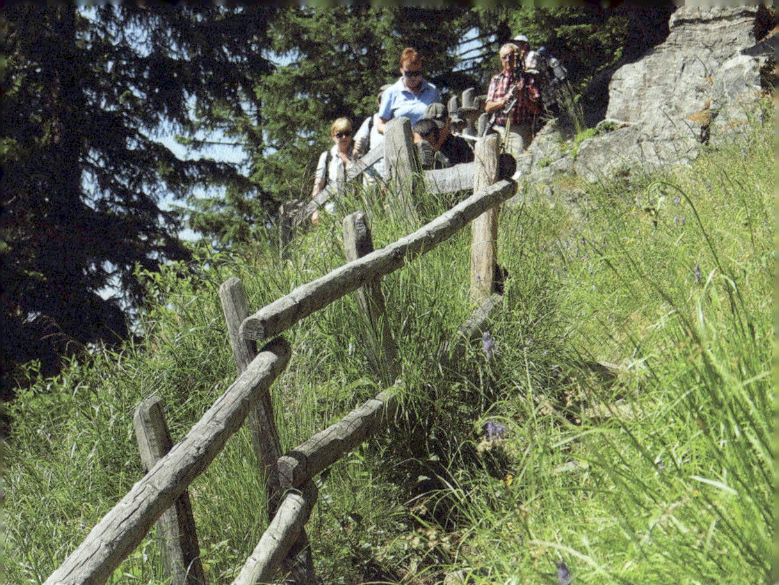

28 Der Ulfaser oder Matatzer Waalweg

Eigentlich ist das Passeiertal nicht wegen Niederschlagsarmut bekannt, im Gegenteil, Hinterpasseier gilt als regen- und schneereich. Trotzdem kann es im vorderen und mittleren Talabschnitt mit einigen Waalwegen aufwarten. Einer davon ist der Ulfaser oder Matatzer Waalweg, einmal nach dem Weiler Ulfas oberhalb von Platt, dann nach den Streuhöfen von Matatz auf der Sonnenseite oberhalb von St. Martin benannt, zu denen die Felder gehören, die der Waal mit Wasser versorgt.

Vom Parkplatz beim Kratzegghof gehen wir kurz auf Asphalt und dann auf einer Forststraße (Nr. 2A) ins Salderntal bis zur Ulfaser Alm. Hier (1.600 m) beginnt der Waalweg, der durch Fichten- und Lärchenwald zu einer ersten Lichtung führt und immer wieder die Sicht auf das darunterliegende Passeiertal freigibt. Das Waal-Wasser kommt aus dem Saldernbach, es fließt breit und ruhig. Steilstücke umgeht der Begleitsteig teilweise relativ stark ansteigend und manchmal über Stiegen auf und ab, während der Waal in ausgehöhlten Baumstämmen, Rohren oder Rinnen aus starken Lärchenbrettern um diese Stellen geführt wird. Am Ende des Weges steht am Wiesenrand die idyllische Waalerhütte, wo der Waaler einen kleinen Ausschank betreibt. Davor dreht sich langsam das Wasserrad und betätigt

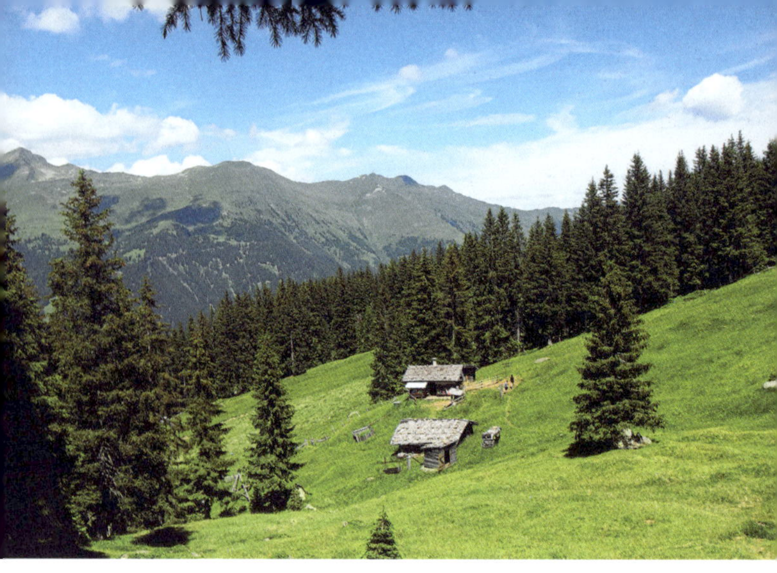

die Waalschelle: Ihr Tönen zeigt an, dass das Wasser läuft und der Waaler somit beruhigt sein kann. Von der Waalerhütte folgen wir noch kurz dem Waal in die Almwiese und zum Wetterkreuz mit prächtigem Ausblick auf das vordere Passeiertal. Rückweg wie Hinweg. Für berggewohnte Wanderer bietet sich eine Variante an: Von der Ulfaser Alm steigen wir über einen teils mit Steinplatten ausgelegten Weg über Almwiesen und durch schütteren Lärchenwald in einer knappen Stunde zur Schartalm (1.853 m) auf, die von einer Geländeschulter weit über das Hinterpasseier und die gegenüberliegende Bergkette, den Jaufenkamm, schaut. Nun nehmen wir Steig Nr. 3,

DER BÄR IN ULFAS

Das kleine Kirchlein im Weiler Ulfas ist dem hl. Korbinian geweiht – ein seltenes Patrozinium. Dieser Heilige stammte aus dem Frankenreich. Im 8. Jh. unternahm er eine Pilgerreise nach Rom, kam dabei ins Passeiertal und gründete in Kuens, der Nachbargemeinde von St. Martin, zu der Ulfas gehört, ein Kloster und eine Kirche. Korbinian wird mit einem Bären, der ein Lastenbündel trägt, dargestellt. Der Legende nach soll auf der Pilgerfahrt ein Bär das Lasttier des Korbinian gerissen haben, worauf dieser ihm zur Strafe sein Gepäck aufbürdete und mit ihm nach Rom wanderte. Korbinian wirkte später auch als Bischof von Freising. Im Dorfwappen von Kuens und auf dem Altar der Ulfaser Kirche ist Korbinian mit dem Bären dargestellt. Auch der emeritierte Papst Benedikt XVI., der Erzbischof von München und Freising war, trug in seinem Papstwappen den Korbinian-Bären.

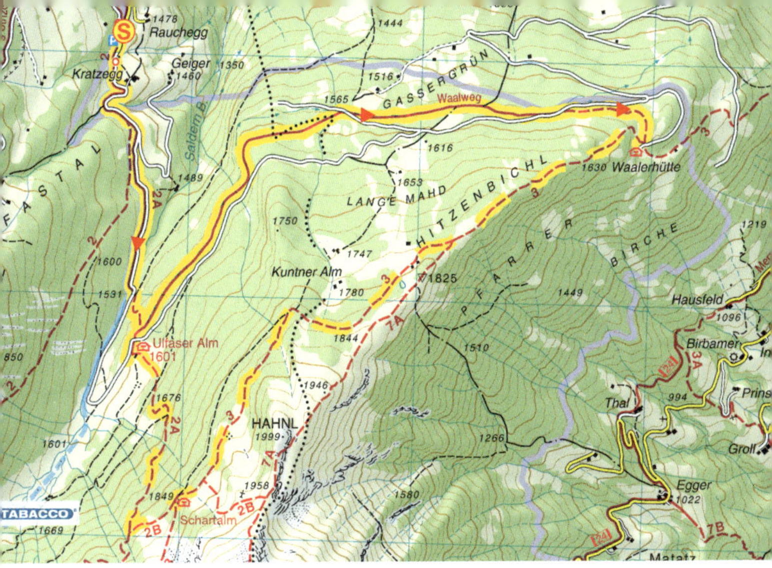

der uns in südöstlicher Richtung zuerst im leichten Auf und Ab durch felsigen Bergwald, dann über Almwiesen mit den Scheunen von Kitzbichl und nun bergab wieder durch Lärchenwald zur Waalerhütte bringt. Von dort kehren wir auf dem Waalweg zur Ulfaser Alm und zum Parkplatz zurück.

EINKEHRTIPPS

Ulfaser Alm: Gut besuchte Almhütte mit vielseitiger Hüttenkost. Tel. 349 1434360 oder Tel. 340 2308248, Mai–Ende Okt. geöffnet, kein Ruhetag.
Pfarrer: Kleiner Ausschank bei der Waalerhütte, keine warmen Gerichte, im Sommer geöffnet.

INFOS IN KÜRZE

Aufgrund der Höhenlage empfiehlt sich dieser Waalweg besonders im Sommer.
Ulfas, Parkplatz beim Kratzegghof, 1.500 m
1 h 25 min (Variante zur Schartalm: 3 h 35 min)
115 Höhenmeter (Variante zur Schartalm 437 Höhenmeter)

4,6 km (Variante zur Schartalm 10,2 km)
leicht
Anfahrt ins Passeiertal nach Moos, dort noch 10 km über Platt und Ulfas zum Parkplatz auf 1.535 m.
Bus 240 bis Platt, von dort im Sommer Wanderbus nach Ulfas, Fahrplan: www.passeiertal.it

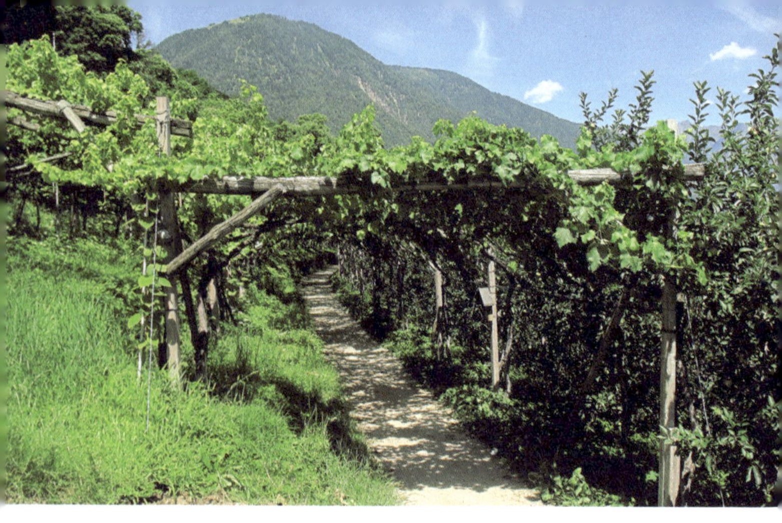

29 Der Brandiswaalweg

Einer der beliebtesten Spazierwege in der Gegend von Lana ist sicherlich der Brandiswaalweg. Wie so viele Waalwege im Land musste auch er eine Modernisierung über sich ergehen lassen, der offene Wasserkanal sollte einer Rohrleitung weichen, auf deren Streckenführung wurde ein Wanderweg angelegt. Dieser führt jetzt am Bergfuß von Oberlana nach Niederlana entlang und gewährt prächtige Ausblicke über das Etschtal, das Meraner Becken und Lana. Dazu gibt es die Gelegenheit, einige Kostbarkeiten und Sehenswürdigkeiten am Weg zu erkunden: das romanische Kirchlein St. Margaretha, die Pfarrkirche von Niederlana mit dem einmaligen Schnitzaltar, das Obstbaumuseum und den romantischen Wasserfall des Brandisbaches. Am Ende des Weges lädt ein Terrassenrestaurant mit dem sinnigen Namen „Waalrast" zur Einkehr ein.

SÜDTIROLER OBSTBAUMUSEUM

Im Südtiroler Obstbaumuseum lässt sich alles über die Äpfel der Region erfahren sowie über die Anbaumethoden dieses wichtigen Exportgutes. 10 % der gesamten Südtiroler Apfelernte und 1 % der Gesamternte Europas stammen aus Lana! Ansitz Larchgut, Brandiswaalweg 4, Lana, Tel. 0473 564387, www.obstbaumuseum.it, Di.–Fr. 10–17 Uhr, Sa., Feiertage und jeden 1. und 3. Sonntag im Monat 14–18 Uhr. Führungen, Anmeldung erforderlich: Tel. 0473 564387 oder SMS/Whatsapp Tel. 331 2992368.

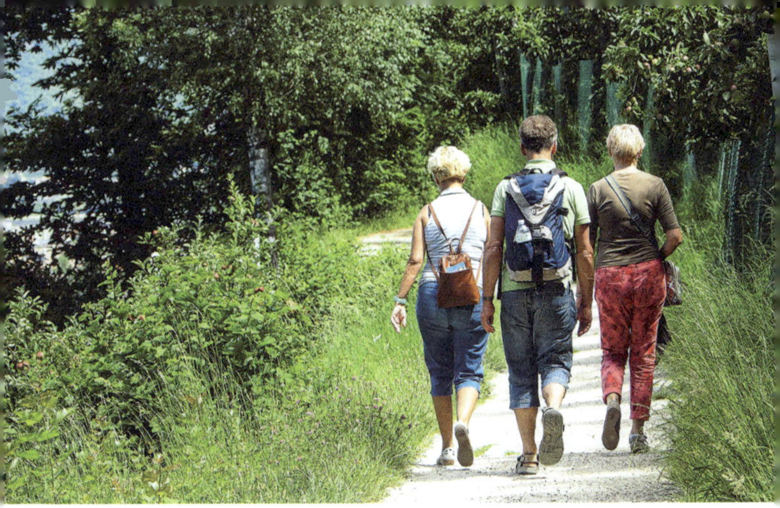

Wir starten am südwestlichen Ortsrand von Oberlana, an der Gampenstraße, am Gampenparkplatz (hier auch Bushaltestelle). Wir gehen nun kurz auf dem Gehsteig bergauf, nach etwa 200 m zweigt links, gut beschildert, der Brandiswaalweg ab. Der ebene, gekieste Weg wird an der Talseite meist von Wiesen, Wein- und Obstgütern begleitet, auf der Bergseite bildet Laubwald, darunter mächtige Kastanienbäume, ein schützendes und schattenspendendes Dach. Hölzerne Geländer und mit Moos und Farnen bewachsene Natursteinmauern säumen über weite Strecken den Weg. Wir erfreuen uns am Ausblick über das fruchtbare Etschtal mit den Apfelanlagen, die Kirchtürme Lanas grüßen herüber: der große moderne Glockenturm der Kirche von Oberlana, der Zwiebelturm von Kloster Lanegg, der

DIE GRAFEN BRANDIS UND DER WAAL

Brandis ist der Name eines alten Tiroler Adelsgeschlechts aus Lana, als Stammschloss gilt die vom Weg zum Wasserfall gut sichtbare Ruine Brandis. Flure, Bach, Güter und der Waalweg in Lana sind nach den Grafen Brandis benannt. Der Bau des Waalwegs wurde auf Veranlassung des Grafen Heinrich von Brandis im Jahr 1835 vom Gutsverwalter Peter von Sölderer ausgeführt. In der Gaulschlucht wurde das Wasser aus der Falschauer abgeleitet, es diente zur Bewässerung der Brandisgüter. Auf einer Länge von etwa 4 Kilometern floss das Wasser 120 Jahre lang offen dahin, bis viele Jahre später mit dem Bau eines E-Werks zunächst ein erster Teil und in den 1950er-Jahren der restliche Waal verrohrt wurde. Gleichzeitig legte man auf der Trasse einen schönen, bequemen Wanderweg an, der nach wie vor als Brandiswaalweg bezeichnet wird.

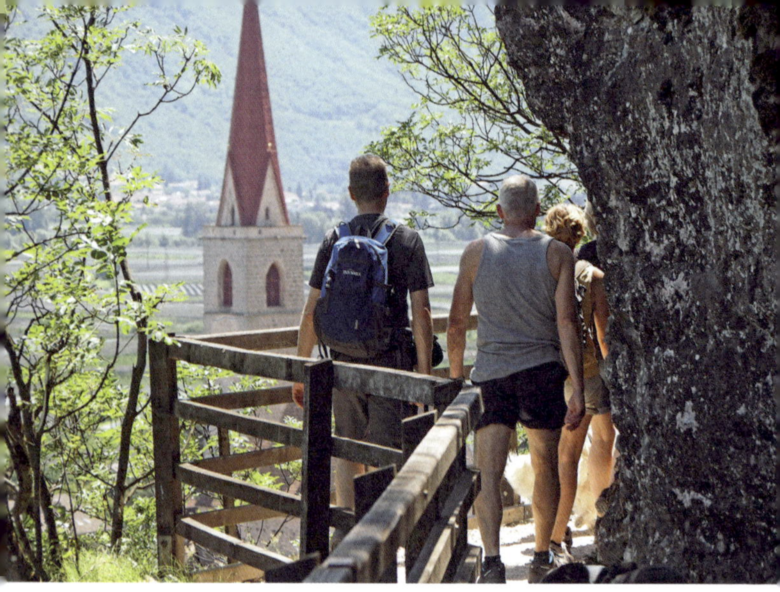

winzige Turm des Kirchleins St. Margaretha und die hohe, schlanke Nadel der gotischen Kirche von Niederlana. Die sogenannte Schwarzwand oberhalb von St. Margaretha quert der Weg auf einer starken, im Fels verankerten Brückenkonstruktion aus Balken, soliden Geländern und einem Boden aus Holzbohlen. Am Ende des Waalweges liegt einladend das Restaurant Waalrast mit breiter, vorspringender Aussichtsterrasse. Ein weiterführender Weg geht am Berghang entlang in wenigen Minuten in eine schattige Schlucht, wo der

ST.-MARGARETHEN-KIRCHE UND PFARRKIRCHE MARIÄ HIMMELFAHRT IN NIEDERLANA

Das Kirchlein St. Margaretha geht auf eine Schenkung Kaiser Friedrichs II. an den Deutschen Orden im Jahr 1215 zurück, es beherbergt einen umfangreichen Freskenzyklus, ein bedeutendes Zeugnis romanischer Wandmalerei in Südtirol. Öffnungszeiten: Mitte Apr.–Ende Okt., Mi. 10–13 Uhr.
In der spätgotischen Pfarrkirche Mariä Himmelfahrt ist ein über 14 Meter hoher Flügelaltar vom Meister Schnatterpeck aus dem Jahr 1492 zu bewundern, einer der größten und schönsten Europas. Schnatterpeckstraße, Lana. Die Kirche ist geschlossen, Besichtigung nur mit Führung: Ende Apr.–Anf. Nov. Mo.–Sa. 11 Uhr. Sonderführungen: gruber.ida@alice.it, Tel. 333 4342596. Führungen für Gruppen für beide Kirchen nach Vereinbarung im Tourismusbüro Lana, Tel. 0473 561770.

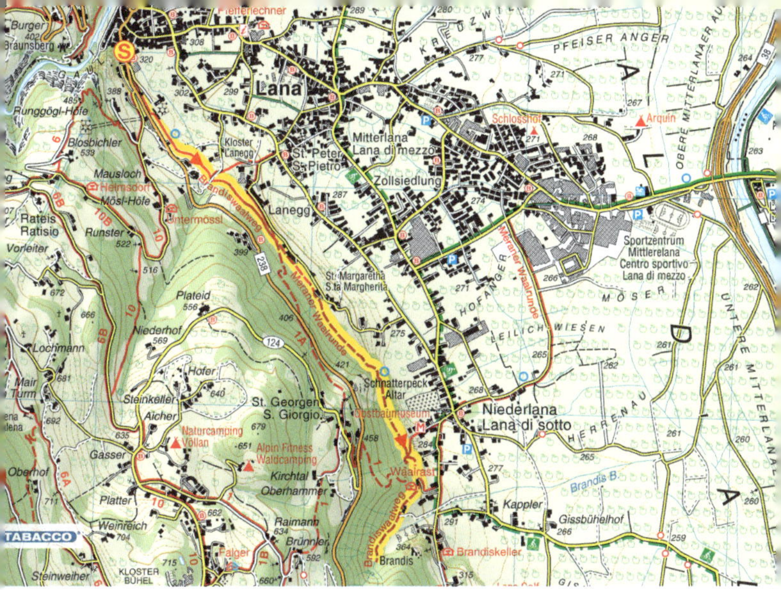

Brandisbach als Wasserfall über eine Felskante stürzt (bis hierher etwa 1 Stunde Gehzeit). Rückweg wie Hinweg.

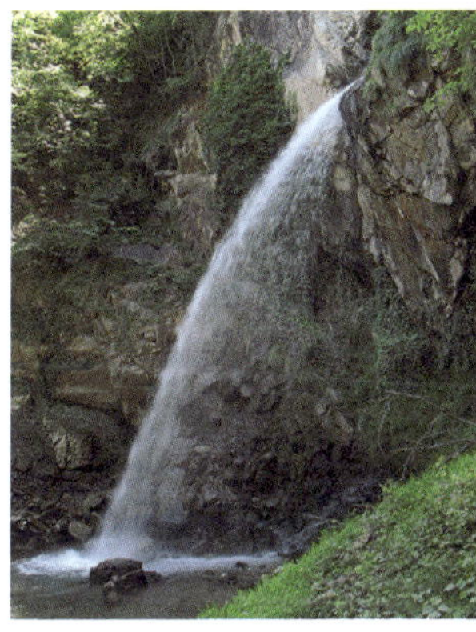

EINKEHRTIPP

Restaurant Waalrast: Terrassenrestaurant in toller Aussichtsposition, günstig gegen Ende des Waalweges oberhalb von Niederlana gelegen. Kleine Speisekarte mit typischen, traditionellen Speisen, hausgemachter Speck. Durchgehend geöffnete Küche. Brandiswaalweg 5, Lana, Tel. 0473 561270, www.waalrast.com, Mitte März – Anf. Nov. geöffnet, Mo. Ruhetag.

INFOS IN KÜRZE

Problemlos, auch für Kinder und Kinderwagen bestens geeignet, wenn nicht die Variante beim Rückweg über das Wetterkreuz eingeschlagen wird.

Oberlana, an der Gampenstraße, 324 m

sehr einfach

Hin- und Rückweg 2 h

keine erwähnenswerten Anstiege,

Hinweg 2,9 km

In Lana auf der Gampenstraße bis zur Ortsausfahrt, hier gebührenpflichtiger Parkplatz.

Bus 211 bis Lana, Rathaus, oder Linie 246, Gampenparkplatz

Hinweise und nützliche Adressen

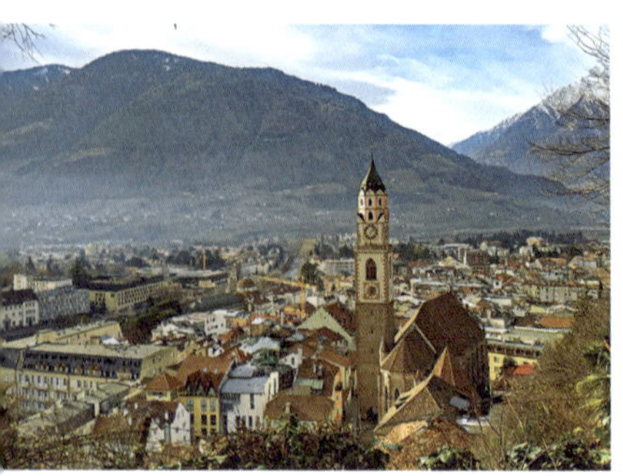

Fahrplan- und Tarifauskunft für Bus und Bahn
www.suedtirolmobil.info; www.sad.it
Tel. 0471 220880

TOURISMUSVEREINE

Kurverwaltung Meran
Freiheitsstr. 45, 39012 Meran
Tel. 0473 272000
www.merano-suedtirol.it

TV Algund
Hans-Gamper-Platz 3, 39022 Algund
Tel. 0473 448600
www.algund.info

TV Ferienregion Ortlergebiet im Nationalpark Stilfser Joch
Hauptstr. 23, 39029 Sulden
Tel. 0473 613015
www.ortler.it

TV Glurns
Tauferer Torturm
39020 Glurns
Tel. 0473 831197
www.ferienregion-obervinschgau.it

TV Kastelbell-Tschars
Staatsstr. 5, 39020 Kastelbell
Tel. 0473 624193
www.kastelbell-tschars.com

Tourismusverein Lana und Umgebung
Andreas-Hofer-Str. 9/1, 39011 Lana
Tel. 0473 561770
www.lana.info

TV Latsch-Martelltal (auch Goldrain, Morter, Tarsch)
Hauptplatz 14, 39021 Latsch
Tel. 0473 623109
www.latsch-martell.it

TV Mals und Burgeis
(Ferienregion Obervinschgau)
St.-Benedikt-Str. 1, 39024 Mals
Tel. 0473 831190
www.ferienregion-obervinschgau.it

TV Marling
Kirchplatz 5, 39020 Marling
Tel. 0473 447147
www.marling.info

TV Naturns (auch Plaus, Kompatsch, Staben, Tabland und Tschirland)
Rathausstr. 1, 39025 Naturns
Tel. 0473 666077
www.naturns.it

TV Passeiertal
Passeirer Str. 40, 39015 St. Leonhard in Passeier
Tel. 0473 656188
www.passeiertal.it

TV Partschins, Rabland und Töll
Spaureggstr. 10, 39020 Partschins
Tel. 0473 967157
www.partschins.com

TV Prad
Kreuzweg 4c, 39026 Prad
Tel. 0473 616034
www.prad.info

Tourismusbüro Schenna
Erzherzog-Johann-Platz 1/D, 39017 Schenna
Tel. 0473 945669
www.schenna.com

TV Schlanders und Laas
Kapuzinerstr. 10, 39028 Schlanders
Tel. 0473 730155
www.schlanders-laas.it

TV Schluderns
Meraner Str. 1, 39020 Schluderns
Tel. 0473 615590
www.ferienregion-obervinschgau.it